친일의 후예

글 송철범

한국예술인복지재단의 창작지원금으로 제작된 책입니다.

친일의 후예

초판 1쇄 발행 2023년 8월 12일

지은이 송철범
펴낸이 장길수
펴낸곳 지식과감성˚
출판등록 제2012-000081호

교정 김지원
디자인 이현
편집 이현
검수 김서아
마케팅 정연우

주소 서울시 금천구 벚꽃로298 대륭포스트타워6차 1212호
전화 070-4651-3730~4
팩스 070-4325-7006
이메일 ksbookup@naver.com
홈페이지 www.knsbookup.com

ISBN 979-11-392-1238-9(03810)
값 13,000원

- 이 책의 판권은 지은이에게 있습니다.
- 이 책 내용의 전부 또는 일부를 재사용하려면 반드시 지은이의 서면 동의를 받아야 합니다.
- 잘못된 책은 구입하신 곳에서 바꾸어 드립니다.

지식과감성˚
홈페이지 바로가기

친일의 후예

글 송철범

저자 송철범

1952년 안동 출생, 여주 거주.
Western Illinois Univ. 대학원에서 경영학(MBA)을 공부했고,
한양대학교 대학원 박사과정(인사·조직 전공)을 수료했다.
2년간의 지방공무원 근무 후 ㈜KT에 공채 1기로 입사,
비즈니스전략담당(상무)을 마지막으로 자원 퇴사했다.
이후 10여 년간 창업기업 경영, 경영컨설팅, 대학 및 기업 강의 등의 다양한 분야에 종사했고, 60세를 맞아 완전히 은퇴했다.
현재는 책 읽고, 음악 듣고, 술 먹고, 산책하며 산다.

2020년 격월간 수필전문지 『에세이스트』 등단
저서 : 『액션러닝코치입문』
E-mail : ungsong1@daum.net

책을 내면서

4년 전 철쭉이 흐드러질 무렵, 오랜 도회살이를 청산하고 한적한 소읍으로 물러났습니다. '이제 내가 더 이상 세상에서 할 일은 없다. 책 읽고, 음악 듣고, 영화 보고, 술 마시고, 산책하면서 살아도 돼.' 그렇게 새로운 일상은 시작됐습니다. 무엇을 얻고 지키기 위한 삶에서 안식과 무위로의 대전환을 한 것입니다. 나날은 평화로웠고, 심신은 편안해졌습니다.

하루, 한 주, 한 달이 천천히 흘렀습니다. 굳이 시비와 인과를 따질 일이 없이 무심하게 살고, 앞으로의 인생에 대해 궁리할 일이 없으니, 자연히 지나간 날을 되돌아보는 시간이 많아졌습니다. 살아온 세월이 길었고, 사연과 곡절이 적지 않았습니다. 누구에게든 들려주고 싶은 이야기가 좀 있을 것 같았습니다. 이리저리 생각한 끝에 글을 쓰기로 했습니다. 나이 든 사람이 말하면 다들 듣기 싫어하니 글로 하는 것이 나을 성싶었습니다.

평생 틈만 나면 읽었고 전공 관련 책을 쓴 적도 있지만, 막상 무엇을 어떻게 시작할지를 몰랐습니다. 방법을 찾아 인터넷을 뒤적이다가 "수필은 그 본질이 무형식의 자기 고백이다"라는 명제가 마음에 딱 와닿았습니다. 수필에 대해서는 '청자연적'이니, '삶의 향기'네 하는 말 정도만 기억하고 있었기에 꽤나 새로운 발견이었습니다. '그냥 솔직하게만 쓰면 되는구나!' 그렇게 시작했습니다.

 글을 쓰면서, 잊어버렸거나 잊혀지길 바랐던 많은 일들을 다시 기억해 냈고, 지난 삶과 주변을 돌아보는 기회를 가졌습니다. 그걸로 족합니다.

 이 책이 나오기까지 애쓰신 분들에게 감사를 드립니다.

2023년 한여름 날

목차

1부

그의 그녀가 나의 그녀였다	14
헤밍웨이 할아버지	22
BB구락부	27
춥고 배고프고	35
뒤끝의 추억	43
원죄	49
학력 에피소드	54
똑똑해지기 위하여	61
초심(初心) 지키기	67

2부

친일의 후예 82
충격 89
하노이 방담(放談) 95
노병의 분노 102
갑질에 대하여 107
폭력의 기억 113
미생지신(尾生之信) 125
인부지이불온(人不知而不慍) 130
꼰대를 어찌할꼬? 135
거지 부처 140

3부

낙향방담(落鄕放談)	144
그녀가 인사를 했다	148
인덕션 프라이팬	153
어머니의 유산	159
우연한 구명(救命)	164
착하고 멋있게	166

4부

경로 유감 172
건강장수와 독서 174
'고맙다', '미안하다' 176
노인과 휴대폰 179
노인의 개인차 181
노인의 기억 183
백세 노인 185
죽음 연습 187

1부

절대 고독

네가 "이만 안녕" 하고 말했을 때,
알았어야 했다

너와 같이 있어도,
나는 늘 혼자였다는 것을

네가 떠나서 혼자가 아니라,
처음부터 쭉 혼자였다는 것을

그의 그녀가 나의 그녀였다

 참 오래됐다. 매년 7월이 되면, 그때 그 고지에서 일어난 기막힌 사연이 뭉게구름처럼 피었다 사라진다. 43년이나 지난 일인데, 올해도 어김없다. 남한강가에서 막걸리 두어 잔에 그 아린 마음을 담는다.
 1976년 7월, 나는 제대를 석 달여 남기고, 전방 OP(포병관측소)에 근무하고 있었다. OP는 발아래에 시커먼 한탄강이 휘감아 흐르고, 멀리 철원 평야 너머에는 6.25 전쟁 시 격전지였던 아이스크림 고지가 보이는, 해발 298m 고지에 있었다. 그곳에 두 개 포병부대의 관측장교 2명과 사병 6명이 전방 감시에 임하고 있었고, 별도로 보병 1개 분대가 OP 경계근무를 위해 올라와 있었다.
 이런 걸 운명의 장난이라 하는가? 기막힌 사연은 우연하게 드러났다. 그 무렵 어느 날 저녁 식사를 일찍 마치고 간만에 회식을 실시했는데, 심심풀이로 입대 전 연애사를 돌아가며 털어놓기로 했다. 우리는 장교와 사병 모두 한 내무반에서 생활했으므로 형제나 친구처럼 비교적 격의 없이 지냈고, 그 정도는 별 부담 없이 할 수 있는 분위기였다. 모두들 막걸리를 건배해 가며 웃고 떠들고 박수 치는 가운데 일병 막내부터 보따리를 풀도록 정해졌다.

김 일병은 이제 겨우 군 생활 6개월 차로 산에 올라온 지도 채 두 달이 안 되는, 말 그대로 쫄따구였다. 키가 작고 약간 통통한 몸에 동그란 얼굴의 그는 아직 소년티를 다 벗지 못한 듯한 모습이었다. 게다가 평소 말이 없고 약간 겁먹은 표정으로 조심조심 다녀서 최고참인 내가 늘 신경을 쓰고 있었다. 어쨌든 순서는 이미 정해졌고 피해 갈 수 있는 상황이 아니었다. 술 힘을 빌리기라도 하려는 듯 막걸리 한 잔을 겨우 마시고 잠깐 머뭇거리더니 결국 입을 떼기 시작했다. 순간, 정적이 흐르고 모두들 침을 꼴깍 삼키기라도 하는 것 같았다.

그는 파주에서 어릴 적부터 한 동네에서 나고 자란 동갑내기 그녀와 단짝으로 지냈다. 국민학교 때는 계속 한 반이었다(한 학년에 반이 하나밖에 없었다). 학교가 끝나면 늘 붙어 다녔다. 산으로 들로, 꽃 꺾고 곤충 잡고 물고기 건지고. 중학교는 남학교 여학교로 갈라졌지만 한 집 건너 살았기 때문에 제집처럼 들락거렸다. 공부도 같이 하고, 지루하면 화투 쳐서 손목 때리기도 하고. 3학년 겨울방학 때부터 둘 사이에 뭔가 수상한 기류가 흐르기 시작했다. 못 보는 날이 생겼다. 눈을 마주치기가 불안하고, 만나면 뭔가 어색한 것 같고, 이런저런 이유와 핑계를 대며 서로를 피하기도 했다. 딱히 뭐라 할 만한 까닭이나 문제는 없었다. 좀 답답하긴 했어도 힘들거나 불편한 것은 아니었다. 고등학교를 들어가서부터는 아예 데면데면 지냈다. 그녀는 문예반에 들어가서 무슨 글을 쓴다고 했고, 그는 입시 준비에 여념이 없는 척했다.

고등학교를 졸업하고 그는 서울에 있는 대학으로 진학했다. 그녀는 남대문에 있는 큰 백화점의 서점에서 일했다. 그리 멀지는 않지만, 그래도 고향을 떠난 타향살이였다. 다소 외롭기도 하고 만나면 반갑고 편해서 파주에서보다는 가깝게 지냈다. 그는 근처에 볼 일이 있어 왔다가 생각나서 들른 거라며 서점을 출입했고, 그녀는 가끔씩 학교에 와서 데이트하는 시늉을 했다. 서로 좋아한다는 말을 한 적도 없고 손도 잡지 않았지만, 사귀고 있는 것은 틀림없었다. 적어도 그는 그렇게 믿었다.

갑자기 말을 멈춘 그의 눈시울이 붉어졌다. 금방 눈물이 쏟아질 것 같은 걸 애써 참고 있는 표정이었다. 모두들 당황했다. 우리가 그에게 뭔가 몹쓸 짓을 시킨 것 같은 분위기였다. 그 시절은 군복무 기간이 3년에 가까웠고 사회와 거의 단절된 데다 편지 외에는 연락이 안 됐기 때문에 두고 온 애인이 고무신 바꿔

신는 것은 흔한 일이었고, 그 때문에 탈영하거나 휴가 후 귀대하지 않는 사병들이 적지 않았다. 이야기는 여기서 중단됐다. 나머지는 안 들어도 짐작 가는 내용이었다. 회식은 사실상 끝났다.

모두 술잔만 만지작거렸다. 여기저기서 얕은 한숨 소리가 배어 나왔다. 그는 결국 울음을 터뜨리고 말았다. 난감했다. 하지만 선임인 나는 빨리 사태를 수습해야 했다. 재빨리 그의 귀를 비틀어 잡고 일으켜 세웠다. 그는 얼떨결에 낮은 비명을 지르며 문밖으로 끌려 나왔다. 들마루에 앉자마자 그는 다시 울먹거리기 시작했다.

"어떻게 됐는데?"

"얼마 전부터 편지를 해도 답장이 없습니다."

"그럴 수도 있잖아. 네가 뭐 잘못한 건 없어."

"모르겠습니다. 걔 마지막 편지에 위문편지 그만하겠다고 했습니다."

"그럼 연애편지 하자는 얘기잖아. 진도 내고 싶다는 거잖아."

"그건 아닌 거 같습니다."

대략 이런 말들이 오갔다. 더 이상 할 말이 없었다. 한참을 그러고 있었는데 그가 편지 봉투를 하나 꺼내더니 내게 건넸다. 무심코 받아 들고 겉봉을 봤다. 순간, 눈앞이 아득하고 심장이 멎는 것 같았다. 한동안 멍했다. 그녀의 이름이 적혀 있었다. 그의 얘기 중에 그녀가 백화점 안에 있는 서점에서 일한다는 사실이 생각났다. '침착하자. 침착하자.' 심호흡을 크게 한 번 하고 나서 천천히 물었다.

"H 씨, 신세계백화점에 근무해?"

"그런데요, 근데 송 병장님이 그걸 어떻게 아세요?"

그녀였다. 그의 그녀가 나의 그녀였다.

그 전 해의 5월, 서울 신세계백화점 서점에서 그녀를 처음 봤다. 서가를 정리하던 그녀가 서점에 들어서는 나를 보고 환한 얼굴로 인사했다. "어서 오세요." 크고 맑은 눈, 하얀 얼굴, 또랑또랑한 음성. 눈이 부셨다. 막 가슴이 뛰었다. 이런 느낌은 도무지 처음이었다. 어려서부터 지금까지 또래 여자하고는 말 한마디 제대로 나눠 보지 못한 나였다.

서가를 둘러보는데 그녀가 다가와서 무슨 책을 찾느냐며 도와주겠다고 했다. 온몸이 긴장하며 머리가 빠르게 회전하기 시작했다. '인상에 남을 만한 행동을 해야 한다. 조심, 조심.' 내가 아무 대답이 없자 그녀가 다시 말을 붙였다. "일 년 넘게 군인은 처음이에요." "군인은 인이 아니라 군인이잖아요." 나는 다소 덤덤하게 말하고는 『창작과비평』을 뽑아 들었다(내가 『창작과비평』을 사서 읽기 시작한 것은 이때부터였고, 그날은 순전히 뭔가 있어 보이려고 그 책을 샀다). 나는 다소 놀라는 듯한 그녀의 눈빛을 느꼈다. '됐다! 일단 이대로 나가면 된다.' 계산을 마치자 나는 다음 달에 또 오겠다는 말을 뒤로 남기고 서점을 나왔다. 아직 더울 때가 아닌데도 등에 땀이 밴 듯했다.

  그 무렵에 군 생활이 절반을 넘겼고, 5대 장성 중의 하나라는 병장도 됐다(인사과 선임하사가 우리 사단에서 6.25 전쟁 이후 병장 진급을 가장 빨리했다고 농담조로 얘기했다). 게다가 상사들의 신임이 두터워서 부대 밖에서 해야 하는 심부름이 있으면 거의 내가 나갔다. 한 달에 한 번 정도는 서울에 갈 기회가 있었고 그때마다 서점에 들렀다.

  서점에는 그녀 혼자서 근무했고 손님도 별로 없었기 때문에 우리는 꽤 많은 대화를 나눌 수 있었다. 주로 책과 작가들에 관한 내용이었다. 나는 그녀와의 대화에서 민감함과 신중함을 동시에 보이려고 애썼다. 나는 문학, 역사, 철학 관련 책을 주로 샀고 그녀는 나를 사려 깊은 문학도쯤으로 아는 것 같았다. 우린 서로 말은 하지 않았지만 사귀고 있었다. 아니, 적어도 나는 그렇다고 믿었다. 그렇게 그렇게 반년이 가고, 12월 외박 때에는 그녀에게 데이트를 신청하려고 온갖 상상을 하며 궁리에 궁리를 거듭하고 있었다.

  호사다마라 했던가. 지난 반년 동안 너무나 순조로웠다. 아무

탈 없이 잘 진행되는 것이 오히려 불안하고 조마조마할 정도였다. 갑자기 OP로 가라는 명령이 떨어졌다. OP 선임병이 제대를 하게 돼 후임으로 내가 적임자라는 거였다. 꼼짝없이 다음 날 더블백을 메고 산을 올랐다.

  제대로 된 데이트 한 번 못 했지만, 우리는 편지로 서로를 알아 갔다. 우리 둘 다 편지를 받으면 바로 답장을 써서 한 달에 두어 번은 편지가 오갈 수 있었다. 나는 편지 쓰기에 내 모든 역량을 집중했다. 최소한 그녀 수준의 글을 써야 했다. 단어 하나 문장 하나를 수없이 고쳐 썼다. 그녀와 나는 대면해서는 말하기 쑥스러운 속내를 살짝 드러내기도 하고, 제대 후의 만남에 대해서 막연하나마 기대를 내비치기도 했다. 우리의 사랑에는 아무런 장애가 없었다. 첫사랑 그녀는 이제 거의 내 여자가 된 거였다.

  김 일병과 나는 그날 이후 며칠 동안 아무 말 없이 지냈다. 그는 점점 얼굴색이 검어지고 초췌해져 갔다. 나는 나대로 힘들었지만 그가 무슨 사고라도 칠까 봐 마음을 졸였다. 모든 것이 분명해졌다. 얼마 전부터 나도 그녀로부터 답장을 받지 못하고 있었다. 그의 편지 주소를 보고 그와 내가 한곳에서 근무하고 있다는 사실을 그녀는 알았을 것이다. '얼마나 기가 막힐까', 안 미치고 살아가는 내가 정말 이상했다. 빨리 결말을 짓지 않으면 뭔가 큰일이 터질 것 같았다.

"힘들고, 내가 밉겠지만, 그래도 얘기하자. 누구의 잘못도 아니잖아! 그냥 이건 운명이야. 이 산꼭대기에서 우리가 할 수 있는 게 없잖아."

"……."

"네가 H 씨에게 편지 써. 상황을 다 이해하면 뭔가 답이 있겠지."

"……."

그는 편지를 보냈다. 뭐라고 썼는지 물어볼 수가 없었다. 그도 아무 말이 없었다. 그녀로부터의 답장은 내가 10월에 제대할 때까지도 없었다.

안동 36사단에서 제대하는 길로 집에도 들르지 않고 중앙선 야간열차를 타고 서울로 향했다. 서점에는 그녀가 없었다. 두어 달 전에 그만뒀단다. 사정사정 주소를 받아 들고 파주로 갔다. 추수가 끝난 텅 빈 들판을 가로질러 마을 끝 작은 기와집 마당에서 그녀의 어머니를 만났다. 그녀의 마음이 편치 않다고 했다. 그녀를 아낀다면 그냥 조용히 가 달라고 부탁했다. 눈빛이 간절했다.

그녀로부터 뭐라도 한마디 듣겠다는 일념으로 여기까지 왔는데…….

헤밍웨이 할아버지

여주 남한강 언저리에 작은 집을 얻어 이사했다. 남은 생의 한동안을 혼자서 평화롭게 지내고 싶어서다. 이삿짐을 정리하다가 낡은 책 속에서 손자 아이 손바닥만 한 빛바랜 사진 액자 하나를 발견했다. 헤밍웨이 할아버지! 그를 생각하지 않은 지 오래다. 그의 책들을 다른 책들과 함께 10여 년 전에 시골의 작은 도서관에 기증했다.

나는 친할아버지를 뵌 적이 없다. 사진이나 어떤 흔적도 보지 못했다. 내가 태어나기 전에 돌아가셨는데 아무도 그에 관해 말하지 않았다. 나도 물어보지 않았다. 지금 생각하면 좀 의아한데, 아버지와 얼굴을 마주하고 얘기를 나눠 본 기억이 없으니 어쩌면 당연한 것 같기도 하다. 어릴 때 나는 아버지가 무서워서 옆집처럼 다정한 할아버지가 있었으면 좋겠다고 생각한 적이 있었다.

중학교 1학년 때였다. 우연히 국어 선생님 집에 놀러 갔는데 방 한 벽면이 책이었다. 『노인과 바다』라는 얇은 책이 눈에 띄었다. 'The old man and the sea'라는 영어도 같이 적혀 있었다. 작가의 사진도 있었다. 턱수염이 더부룩한 네모진 노인 얼굴이었는데 강인하고도 따뜻한 표정이었다. 그날 선생님으로부터 헤밍웨이와 그의 작품에 관해 한참이나 설명을 들었다. 몇 해 전에 노벨상을 받은 유명한 소설가가 엽총으로 자살을 했다는 얘기를 누군가로부터 들은 것 같은데 그가 바로 헤밍웨이였다.

그날 그 자리에서 나는 그를 내 할아버지로 삼기로 작정했다. 선생님의 얘기만으로, 시쳇말로 그에게 뻑이 갔고 광팬이 되기로 한 거였다. 당시 나는 상당히 비관적이고 조숙한 문제아였다. 형들보다 공부도 못하고 성격도 경박하며 참을성이 없었다. 가득한 열등감에, 생긴 것마저도 험상궂어 늘 고개를 푹 숙이고 땅바닥만 보고 다녔다. 집에서는 걸핏하면 혼나거나 쫓겨 다니는 말썽쟁이였고, 학교에서는 선생님들에게 얻어터지기나 하는 삐딱한 녀석이었다.

헤밍웨이 할아버지는 갑자기 나타난 구세주였다. 그의 불우한 가족관계, 거친 삶, 다양한 편력, 고독과 허무. 그의 모든 것이 홀로서기가 힘겨운 외톨이 소년에게는 경이 그 자체였고 삶의 모델이었다. 특히, 그가 스스로 목숨을 끊었다는 것은 그가 진실로 실존적 삶을 살았다는 사실을 증거한다고 믿었다(실존주의에 관해 좀 얻어들은 것이 있었다). 더욱이, 그의 노벨상 수상작 「노인과 바다」는 내가 태어난 해에 발표됐고, 그가 죽은 것은 내 생일날이었다. 나는 이 우연에 경악했다. 운명이 아닐 수 없었다.

그를 내 할아버지로 삼은 것은 엄청난 자부심이 되었고, 한동안 나의 일상은 거의 그를 중심으로 돌아갔다. 이후 오랫동안 그는 나의 친구였고, 사부였고, 멘토였고, 정신적 지주였다.

그의 작품은 구할 수 있는 한 모두 읽었는데 번역이 영 마음에 들지 않았다. 1차 대전 후의 소위 '잃어버린 세대'의 대표 작가라는 것은 내용을 보아 그럭저럭 알겠는데, 그 유명한 'hard-boiled' 스타일의 문체는 도무지 느낄 수가 없었다. 답답해서 미칠 지경이었지만 영어로 책을 읽는다는 것은 꿈에도 생각지 못했다.

그러다가 어느 중고 서점에서 『노인과 바다』의 페이퍼백 원서를 손에 넣게 됐다. 몇 날 며칠을 사전을 찾고 번역문을 대조해가며, 끼니를 거를 정도로 몰입해서 읽었는데도 별다른 느낌이 오지 않았다. 결국 중도에 포기하고 말았다. 영어를 겨우 몇 달 배웠고 알고 있는 단어가 수백을 넘지 못하는 중학교 1학년생에게는 처음부터 무리였다. 평생 처음이자 마지막으로 한국에서 태어난 것을 억울해했고, 조물주를 원망했다(물론 그때 이미 나는 조물주 따위는 존재하지 않는다고 확신하는, 어설프지만 철저한 실존주의자였다).

그냥 물러서기에는 할아버지에게 체면이 서지 않았다. 평소 참을성과 끈기가 없어 공부를 제대로 못 한다(나는 중학교 입학시험에 떨어졌다)는 핀잔을 밥 먹듯 들어 가며 살아왔는데 이번만은 어쩐지 달랐다. '내가 끝장을 보고 만다' 영어 공부에 착수했다. 당시 중학생들에게 유명한 『새영어』라는 꽤 두꺼운 입문용 영어 참고서를 여름방학 중에 5독을 했다. 거의 달달 외울 정도였다.

내 스스로 나 자신에 대해 놀라고 있었다. 내친김에 아주 더 나갔다. 형들이 공부하던 대학입시 참고서와 당시에 출판되어 있던 교재를 모조리 읽었다. 파죽지세였다. 그해 겨울방학 때쯤에는 영어에 거의 도사가 된 듯한 수준이 되었다. 가끔 사전을 찾았고 속도가 조금 느리긴 했지만 책이든 신문이든 잡지든 그냥 읽을 수 있었다.

이제 헤밍웨이로 들어갈 준비가 된 거였다. 2학년 일 년 동안 헤밍웨이가 쓴 책 16권을 원문으로 꼼꼼하게 읽었다. 그중 몇 권은 여러 번 반복해서 읽었다. 책은 청계천 헌책방을 샅샅이 뒤져 모조리 찾을 수 있었다(안동에서 서울까지 중앙선 열차로 열 시간도 더 걸리던 때에 어린놈이 거의 미친 짓이나 다름없었다). 그 유명한 hard-boiled 스타일이라는 것도 좀 느끼게 됐다. 화려한 수사가 없는 간명한 문체였다. 형용사나 부사를 충분히 사용하지 않고도 상황을 묘사하고 이야기를 전개할 수 있다는 사실이 뭔가 달라 보였다. '이렇게 글을 써도 노벨상을 받는구나.' 헤밍웨이는 과연 내 할아버지다웠다. 그 무렵 나는 그에 관한 거라면 모든 것을 알고 있다고 생각했다(몇 년 후 국내외 학자나 평론가가 쓴 헤밍웨이 평전을 몇 권 더 읽긴 했지만).

어떤 사람(대단하게 보이는 사람)의 일생을 속속들이 느끼고 안다는 것, 그것은 진정한 자기를 찾아 헤매는 사춘기 소년에게 치명적이었다. 나는 그와 그의 작품을 통해 인간을 보았고, 세상을 보았다. 전쟁을 보았고, 죽음을 보았다. 어디서 날아오는지도 모르는 콩알만 한 총알 한 방에 목숨이 스러지는 젊은이들과, 아무도 알아주는 이 없는데도 영웅적 삶을 사는 늙은 어부를 보았다.

'이제는 내 차례다.' 이제 나도 그처럼, 그의 작품 속 인물들처럼 살아야 할 단계가 된 거였다. 주변의 모든 것이 불합리하고 답답하고 시시했다. 새로운 삶을 스스로 열어야 한다고 결심했다.

그해 겨울방학에 나는 가출했다.

BB구락부

　참으로 수상하고 지랄 같은 시절이었다. 스물을 넘겼으니 어른인 것은 분명한데, 하는 짓이라고는 만날 하루하루를 개기는 것뿐. 희망도 포부도 내일도 없었다. 그래도 명분은 있어야 했고 핑계도 필요했다. 그들은 스스로 시인이었고, 서예가였고, 화가였다. 정치사회 상황도 한몫했는데, 말도 마음대로 못 하게 해서 숨통이 막힌다는 거였다.
　나는 시인도 서예가도 화가도 아니었다. 정치나 사회가 답답하고 불만이었지만, 사는 데 딱히 불편은 없었다. 그들과 어울려 다녔지만 그들과 같은 부류라는 것을 내심 부인하고 싶었다. 내가 보기에 그들은 이 사회에 썩 필요한 시민이 될 개연성이 별로 없는 청년들이었지만, 나는 장차 유용한 사람이 되어야 한다고 남모르게 암중모색하고 있었다(그들도 그들 나름 애쓰고 있었을 것이다). 그들이나 나나 가난했고, 대학도 못(안) 갔고, 군대도 가야 해서, 당장은 어정쩡하게 헤매고 있다는 점은 같았다. 우리는 회색시대를 통과하고 있었다.

우리는 스스로를 '빌빌이클럽'이라 불렀다. 어제고 오늘이고 내일이고 쓸 만한 일을 하는 법은 없고 오직 그냥 빌빌거리기만 한다고 해서 그런 이름이 붙었다. 참 진솔하고 멋있는 이름이라고 다들 자조하고 빈정거리면서도 그 이름을 좋아했고 애용했다.

한동안은 그렇게 지냈는데 남들도 그렇게 부르면서 우리들의 진짜 모습이 다른 사람들에 의해 형용되는 것이 아무래도 유쾌하지 않았다. 우리가 스스로를 비꼬는 것은 나름 예술가로서의 에스프리이고 낭만이라 치부할 수 있지만, 남들마저 그렇게 부르는 것은 뭔가 속내를 들킨 것 같아 민망하고 거북했다. 그래서 살짝 비튼 것이 'BB구락부'다. '빌빌이클럽'을 영어의 두문자와 일본어 발음으로 위장한 것이다. 발음도 훨씬 산뜻하고 뭔가 문학적 운치도 느껴지는 것 같았다. 사람들이 BB가 무슨 뜻이냐고 물으면 그 유명한 불란서 글래머 여배우 '브리지트 바르도'의 약자라 하고, 우리는 그녀를 존경하는 사람들의 모임이라고 너스레를 놓았다. 그 이름은 내가 제안했는데 처음에는 그녀의 애칭인 불어 발음 '베베'로 하려다가 알기 쉬운 영어 발음인 '비비'로 낙착이 됐다.

BB구락부는 일종의 동아리와 비슷하긴 한데 특별한 목적이나 취지가 있는 것도 아니고 구성원이 정해져 있는 것도 아니었다. 모여서 따로 뭘 하는 것은 더욱 아니었다. 그래도, 늘 모이는 얼굴들이 있었고, 하는 짓의 패턴이 있었고, 주로 가는 장소가 있었고, 암묵적으로 공유하는 가치와 정서가 뚜렷했다.

BB구락부는 전체 10명 내외의, 어른이라고 하기엔 뭔가 미숙하고 아이라고 하기엔 머리가 굵어 버린 촌놈들의 사교 모임이었다. 여자도 두엇 끼어 있었는데 여자티를 안 내고 술을 마구 마셔 대는 거친 처녀들이었다. 언제 어디서 모이자는 약속 같은 건 아예 없었지만 거의 매일 몇 번씩이나 얼굴을 마주했다.

우리가 만나는 장소는 선술집, 실내 포장, 음악 다방 등으로 예닐곱 곳 정도였다. 모두 안동역을 기준으로 500M 정도 이내의 거리에 있어서 전부 기웃거리는데 10분도 채 걸리지 않았다. 대개는 점심 이후에 이곳저곳 기웃거리면 먼저 와 있는 무리들을 만날 수 있었다. 우리 중의 누군가가 어느 한 곳에 먼저 와서 진을 치면 그날은 하루 종일 그곳이 아지트가 되는 거였다.

적게는 두세 명 많게는 대여섯이 그곳에 늘 있었고 시도 때도 없이 들락거렸다. 술을 마시다가 취하거나 재미없으면 다방에 가서 음악을 들으며 쉬다가 오고, 다시 마시다가 볼일이 있으면 또 나가고. 어떤 날은 모두 함께 낙동강에 가서 고함을 지르거나 뜀박질을 하기도 하고. 시화전이나 서예전이 열리는 날에는 몰려가서 한 귀퉁이를 차지하고 객쩍은 품평을 씨부렁대며 술판을 벌이기도 했다. 그렇게 하루가 저물어 통행금지 시간이 다가

오면 하나둘 슬금슬금 사라졌다.

나는 보통 도서관에서 한나절을 보내고 저녁 무렵 합류했는데, 도서관이 노는 월요일은 오전부터 끼기도 했다. 나는 어릴 적부터 술을 먹어 버릇해서(제사 후 음복을 하거나, 아버지가 담가 놓은 술을 조금씩 훔쳐 먹거나), 웬만큼 마셔서는 취한 티가 잘 안 났다. 대낮에 막걸리 몇 주전자를 마시고도 길에서 아는 사람을 만나면 태연하게 인사하고 지나갈 정도였다. 매일 밤늦게까지 마시고도 다음 날 아침 9시면 어김없이 도서관에 들어갔다. 그리고 해 지면 다시 마셨다. 그 시절엔 밥보다 막걸리를 더 많이 먹었다.

나는 그들처럼 되고 싶지는 않았지만 친구로서의 그들을 좋아했고 청춘의 한 시절을 그들과 함께하는 것이 큰 위로가 됐다. 다소 빡빡한 성격인 나는 그들의 데카당한 정서와 무절제를 잘 이해하지는 못했지만, 그들의 세속적 무능과 인간미와 소박함을 사랑했다.

BB구락부는 경제 개념이 별로 없었다. 아무리 싼 집이라도 허구한 날 마시는데(그것도 여럿이) 돈이 모자라는 건 당연했다. 막걸리 한 주전자 60원, 오뎅 한 사발 50원, 아나고회 한 접시 80원, 우동 한 그릇 50원인가 그랬다. 하루에 몇천 원이 나왔다. 묘하게도 어떻게든 그 돈들이 그날로 탕감이 됐다. 모두들 사정대로 주머니를 털었다. 약방집 아들은 중간에 나가서 박카스 두어 박스 팔아서 오고, 지물포 딸은 효도 잠깐 해서 벽지 판 돈을 꼬불쳐 왔다. 아주 돈이 없을 때는 굵은 생소금으로 안주를 한 날도 더러 있었다.

  외상이 쌓이는 경우도 있었는데 간혹 직장을 다니는 선배들(그중엔 지금 이름을 대면 알 만한 대단한 작가도 있었다)이 갚아 주기도 하고, 이래저래 유지가 됐다. 10원 한 잎을 보태지 않은 친구도 미안해하지 않았고(벽에다 그림을 그리고, 자작시도 읊조리고, 나름 술값을 하려고 애는 썼다), 그날 술값을 모두 낸 녀석도 전혀 잘난 척하지 않았다. 나는 과외비 받은 날 고기를 사거나 회를 사거나 해서 한 달에 한 번은 그림이나 시를 대신했다.

  가게 주인은, 하루 종일 자리를 차지하고도 장사에 별 도움 안 되는 우리들에게, 눈살 한 번 찌푸리는 법이 없었다. 오히려 우리를 위해 구석 자리를 늘 비워 두고 있었다.

  우리는, 일단 술잔을 앞에 두고 앉으면, 중구난방이 시작됐다. 밑도 끝도 없는, 논리고 뭐고가 없는, 일생에 전혀 도움이 안 되는 말들이 담배 연기와 함께 피었다 사라졌다. 분명, 시 얘기, 그림 얘기, 글씨 얘기, 술 얘기, 인생 얘기인데, 무슨 말인지 종잡을 수 없을 정도로 이리저리 튀었다. 취업, 출세, 결혼 따위, 실한 대화를 한 기억이 없다. 지독하게, '지금 당장'만 있었다.

지금도 기억이 생생한 장면이 하나 있다. 오전부터 마신 날이었다. 안주로 시킨 가케우동과 오뎅으로 점심을 때웠다. 얇은 유리창 밖에는 초가을비가 추적이고 있었다. 빗소리에 눌린 듯 잠시 대화가 끊어진 사이, K가 중얼거렸다.
"언제까지 말조심하면서 살아야 돼?"
시인을 행세하며 틈만 나면 꼬깃꼬깃한 종이 쪼가리를 꺼내 들고 슬픈 시를 들어 달라는 녀석이었다. 그가 평소 정치에 대해 말하는 것을 들어 본 적이 없었다.
"누가 알아?"
내가 건성으로 받았다.
"노래를 하고 싶은데, 할 수가 없어. 난 정말 겁이 많은 것 같아."
K의 어조는 심각했다.
평소 말이 별로 없는 A가 어이없다는 투로 애정 어리게 빈정댔다.
"야! 넌 노래 실력이 형편없어서 아무리 불러도 괜찮아. 네가 노래를 부르는 걸 아무도 몰라. 걱정 마, 실컷 불러. 뒤지게 불러도 돼."
공감의 말인 줄 다 알면서도 분위기가 싸해졌다. 또 다른 자칭 시인 L이 도연명의 흉내를 내 보겠다며 목청을 가다듬었다. 나는 분위기 전환에 안도했다. 다들 마찬가지였을 것이다.
"이 험한 세상 바르게 사는 길은,
아무 짓도 하지 않고 빌어먹거나
목숨 부지 작은 일만 하는 것.
농사는 한 밭뙈기만 갈고
글은 연애소설만 읽을 것.
그래도 한이 있으면 숨어서 노래 불러."
"…."
"계란으로 바위 치기겠지만 해 봐야 되는 거 아니야? 난 난석주의야. 인생이 다 그런 거 아니야? 계란으로 바위 치기!"
알 듯 말 듯 했다. 멀쩡해 보이는데 가끔 4차원 얘기를 곧잘 하는 C였다. 이후 한동안 '난석주의'는 시도 때도 없이 무슨 구호처럼, 답답하면 튀어나왔다.

BB구락부는 하나둘 군에 입대하면서, 대학에 입학하거나 생업을 찾아 안동을 떠나면서, 그 이름이 추억에 묻혔다. 그중 셋은 지금도 여전히 안동을 순찰하며 성숙한 모습의 BB 스타일을 유지하고 있는 모양이다(물론 'BB구락부'를 입에 올리지는 않는다). K는 시인으로, 또 다른 K는 화가로, J는 서예가로, 셋 모두

자기 분야에서는 이름만 대면 알 만한 작가다. 모두들 회색시대를 탈 없이 통과한 거였다.

  올해도 낙엽 지는 늦가을에는 술 먹으러 안동에 가야겠다.

춥고 배고프고

 반세기나 전의 일이다. 춥고 배고팠던 훈련병 시절로 기억을 더듬어 간다. 굳이 먼 옛날이야기를 하려는 이유를 먼저 밝혀야겠다. 우선은 지금의 젊은 사람들이 불과 50년 전에 우리가 어떻게 살았는지를 조금이라도 알았으면 해서이다. 배가 너무 불러 고통받고 죽어 가는 시대에 웬 '춥고 배고픈' 시절 타령이냐고 하겠지만, 그때는 그때고 지금 우리가 그 시절을 알아서 뭐 하냐고 빈정댈 수도 있지만, 과거로부터 지금을 잘 살 수 있는 지혜를 얻을 수 있다는 데는 모두 동의할 것이다. 다음으로는 나와 동시대를 산 노인들과 함께 어쭙잖은 글로라도, 슬프고 힘들었지만 그래도 소중하게 남아 있는 추억 한 조각을 나누고 싶어서이다.

 1973년 12월 5일, 나는 논산 육군훈련소 28연대 1중대 1소대에 훈련병으로 입소했다. 중학교 2학년 겨울방학을 마지막으로 학교를 떠나, 여러 해를 거의 낭인으로 살아온 나는, 군대라는 엄격하고 획일화된 조직에 대한 막연한 두려움에 잔뜩 긴장한 채로 눈치를 살피며 훈병 생활을 시작했다. 처음 한두 주는 영문 모른 채 쫓기듯 어리바리, 후딱 지나갔다. 기상부터 취침까지 훈련 교관과 조교들이 모는 대로 그냥 이리저리 끌려다니다가 하루가 갔다. 지금도 그때 하루 종일 뭘 했는지 딱히 기억나는 게 별로 없다.

훈련소 생활에 다소 적응하고 나니, 주변이 보이기 시작하고 내가 어떻게 살고 있는지 알 수 있었다. 일과 시간은 매일 내용만 바뀔 뿐이지 온종일 고된 훈련이 계속됐고, 조교들의 구령과 지시에 따라 몸이 반사적으로 움직였다. 일과 시간 외 내무생활은 기본적으로 씻고, 먹고, 청소하고, 점호 취하고, 잠자는 것이었을 텐데, 오직 춥고 배고팠던 일만 기억에 또렷하다.

정말 추웠다. 50년 전 기후가 지금과 크게 다르지 않았을 텐데 왜 그렇게 추웠는지. 무명 군복과 고무창 훈련화로 논산 벌판의 시린 바람을 맞았고, 꽁꽁 언 눈바닥을 기었다. 볼과 손발은 얼어서 감각이 거의 없었다. 어둑어둑 땅거미가 내리고 하루의 고달픈 훈련을 마치면 지친 몸을 끌고 내무반 막사로 돌아왔다. 이제 막 불을 붙인 페치카는 싸늘하기만, 후다닥 군장을 풀고 세면장으로 뛰어가서 펌프 물로 얼굴과 손발을 씻었다. 그물이 왜 그리도 따뜻하던지, 언 볼과 손발이 녹는 것 같았다. 훈련 기간 내내 온수로 세수를 하거나 샤워를 한 기억이 없다. 아마도 기억이 맞을 것이다. 잠자는 동안에도 추위와 싸웠다. 개인에게 지급된 낡아서 털이 다 빠진 얇은 모포 석 장으로는 도저히 견딜 수가 없었다. 옆 번호 친구와 함께 두 장은 깔고 넉 장은 덮고 해서 부둥켜안고 잤다. 전우라는 게 따로 없었다. 그렇게 하면 저절로 전우가 되는 거였다.

해를 넘겨 1월 중순쯤이었다. 영하 17도, 그 겨울 중 가장 추운 날이었을 것이다. 저녁 식사 후 세면장에서 큰 들통과 양동이 등 배식 도구를 세척하고 있었다. 종일 추위에 떨었고 막 식사를 마친 뒤라 졸리는 듯 약간 몽롱한 상태에서 볏짚 수세미로 들통을 문지르고 있었는데, 어느 순간 손이 움직이지 않았다. 언 손으로 힘없이 느리게 문지르다 보니 수세미를 떨어뜨리고 오른쪽 손바닥이 들통에 얼어붙어 버린 것이었다. 기운을 차리려고 애쓰면서 손을 떼려고 나름 힘을 줬는데도 손은 떨어지지 않았고, 오히려 정신만 혼미해지며 눈이 감기고 깊은 나락으로 떨어지는 것 같았다. 누군가 내 이름을 부르는 소리가 귓전에 아스라했다.

깨어나 보니 내무반 페치카 옆에 반듯하게 누워 있었다. 주위에는 중대 행정반 기간병과 동료 몇이 걱정스러운 눈빛으로 나를 내려다보며 괜찮냐고 물었다. 아무렇지도 않은 것 같았다. 오른손을 쥐었다 폈다, 여러 번 반복했다. 피부 감각도 이상 없고 멀쩡했다. 그냥 털고 일어났다. 경과는 간단했다. 오른손이 들통에 얼어붙은 채로 잠시 의식을 잃은 나를 옆에서 같이 설거지하던 동료가 발견하고, 손을 떼려고 잡아당겼으나 떨어지지 않아서, 행정반에 뛰어가 양동이로 온수를 날라 와서 부었다는 거였다. 겨우 고맙다는 말을 하고 나니, 그저 '사람이 이렇게도 사는구나!' 하는 생각이 들었다.

추위보다 더 고통스러웠던 건 배고픔이었다. 너무너무 배가 고팠다. 하루 종일 머릿속에는 먹는 생각으로 꽉 차 있었고, 꿈도 거의 먹는 것과 관련된 것이었다. 오그라든 배가 등짝에 달라붙은 것 같아서 나도 모르게 허리를 굽히고 다녔다. 초등학교 때 도시락을 못 싸 온 아이들이 더러 있었고, 그런 동무를 위해 엄마를 졸라서 도시락을 2개씩 싸 간 기억은 있지만 내가 직접 배가 고파서 힘들었던 적은 그때까지는 없었다.
내 기억이 정확하다면 당시 육군 사병의 일일 정량은 백미 576g 보리 252g(한 끼로는 276g으로 보리가 30%)으로, 아무리 한창인 나이의 장정이라도 배고플 정도는 아니었는데(쌀과 보리가 몇 해 묵은 것이어서 영양이 많이 손실됐거나, 거의 보리밥이었던 걸로 봐서 쌀을 누가 빼돌렸거나, 고된 훈련으로 에너지를 많이 쓴 탓에 정량 자체가 부족했거나), 동료 훈련병 모두 배고픔을 심하게 호소했다. 모두 식사 시간만 되면 자기만 음식을 적게 받은 것 같았고, 자기가 배식 담당할 때 두고 보자 하는 심정이 돼서, 서로 노려보고 다투는 광경이 벌어지는 게 일상이었다.

그날은 일요일이었고 며칠 만에 따뜻했다(당시는 삼한사온이 거의 정확했다). 소대원들은 빨래를 한다, 편지를 쓴다, 전우신문을 읽는다, 낮잠을 잔다 등 그들 나름 한 주 동안의 피로를 풀며 휴식을 즐기고 있었다. 그 엄혹한 상황 속에서 한 줄기 광명 같은 날이었다. 지난 몇 주의 고생은 언제 그랬냐는 듯 다들 여유로웠고, 표정들이 밝았다.

일요일 점심은 항상 라면이었다. 라면은 연대 취사장이 아니라 중대 간이 취사장에서 끓였다. 소대별로 큰 가마솥에 몇십 개의 라면을 쏟아부어 끓인 다음, 큰 주걱으로 들통에 퍼 담아 내무반으로 날라 와서 각자의 식판에 배식했다. 끓인 라면을 푸고 나르고 배식하는 과정들을 신속히 한다고는 했지만, 퍼지고 불게 마련이어서 라면의 꼬들꼬들한 식감은 전혀 느낄 수가 없었다. 당시 라면은 밥보다 더 비싼 음식이어서 누구나 라면을 좋아했지만, 훈련소에서의 라면은 아무래도 그리 맛있게 느껴지지 않았다. 그래도 훈련병들은 잘 먹었고 오직 양이 적은 것이 아쉬웠다(지금 생각하면 일 인당 2개는 결코 적은 양이 아니었는데).

내무반에서 라면을 거의 다 먹었을 즈음, 중대 행정반에서 나를 부른다는 전갈이 왔다. 훈련병이 행정반으로 불려 가는 것은 드문 일이었고 대부분 나쁜 소식 등이 본가로부터 오는 경우였기 때문에, 나는 몹시 불안한 심정으로 급히 달려갔다. 행정반에 들어서자, 김 일병(중학교 때 한 반이었던 그는 나보다 먼저 여름에 입대하여 중대 행정반에서 근무하고 있었는데, 그때까지 서로 아는 척할 겨를이 없었다)이 어서 오라며 반갑게 맞아 주었다. 나는 인사를 하는 둥 마는 둥 무슨 일이냐며 물었는데, 그는 환하게 웃으면서 내 손을 잡고 행정반 칸막이 안쪽으로 끌고 들어갔다.

눈앞에 김이 오르는 라면이 거의 반이나 찬 양동이가 놓여 있었다. 노르스름하고 꼬불꼬불한 것이 훈련병들이 먹는 라면과는 완전히 달랐다. 나 주려고 따로 방금 끓인 것이라며 천천히 다 먹으라 했다. 나는 너무나 놀라고 기뻐서 말을 잊어버렸다. 고맙다는 인사도 하지 않고 젓가락을 들고 앉았는데, 막상 먹으려니 아무래도 혼자서는 다 먹을 수가 없겠다는 생각이 들었다. 누구 한 사람 더 데려와도 되겠냐고 물었더니 그러라고 했다. 부리나

케 내무반으로 달려가서 옆 번호 동료를 데려왔다. 우리 둘은 옆도 안 돌아보고 그 많은 라면을 순식간에 몽땅 먹어 버렸다. 다 먹고 나서야 둘이서 라면 8개를 해치웠다는 사실을 알게 됐다. 더 있으면 더 먹을 것 같았다.

우리가 머리를 처박고 라면을 먹고 있는 동안 김 일병은 그간의 사정을 이야기했다. 자기가 아직 졸병이라 눈치가 보여 아는 척을 못 했고 고향 친구로서 아무런 도움을 주지 못해서 미안하다고 했다. 그날은 일요일이라 장교들은 출근을 하지 않았고, 자기 위 선임병들은 모두 외출을 해서, 그나마 라면이라도 이렇게 먹게 할 수 있어서 다행이라며 기쁜 표정을 지었다. 나는 겨우 잘 먹었다는 말 한마디 남기고 서둘러 행정반을 나왔다. 일부러 그런 건 아니었지만 우리 둘만 남모르게 숨어서 배불리 먹은 것이 아무래도 마음이 편치 않았다. 내무반에 돌아와서 찬찬히 생각해 보니 졸병이 라면 8개를 그냥 구할 방법은 없었을 테고 PX에서 샀다면 한 달 봉급의 절반 정도는 썼을 것이라는 추측이 됐다. 너무나 고맙고 미안하고 염치가 없어서 심한 자괴감이 들 정도였다.

그 이후로도 그와 마주치거나 대화를 할 기회는 별로 없었던 것으로 기억한다. 중학교를 그만두고 고향을 떠난 나는 그를 훈련소에서 본 것이 처음이자 마지막이었다. 지금은 이름마저 기억이 나지 않지만, 그때의 그의 모습은 내게 늘 따뜻하게 남아 있고, 그가 베풀어 준 그때 그 라면이 내가 먹은 가장 맛있는 라면이었다. 어쩌면 일생 동안 내가 먹은 가장 맛있는 음식이었을지도!

춥고 배고팠던 시절이 그리운 추억으로 남았다.

뒤끝의 추억

나는 스스로 뒤끝 있는 사람이라고 자부한다. 타고난 소심한 성격 탓이겠지만 그래야 된다고 정한 삶의 방침이기도 하다. 누구나 일상적으로 겪는 사소한 일까지는 아니더라도 나중에 곱씹어 봐야 하는 정도라면 뒤끝이 있어야 한다는 거다. 지나고 나면 그만이고 잊어버리는 것이 좋다는 뜨뜻미지근한 태도로 살아서는 안 된다는 나름의 각오인 것이다.

봄철마다 보릿고개라는 말이 늘상이던 굶주린 시절, 1973년 연말쯤에 나는 논산 육군훈련소에서 신병훈련 중 첫 월급을 받았다. 680원, 영원히 잊지 못하는 숫자다. 생애 첫 월급이기도 하고 그 월급 탓(덕)에 생애 첫 심각한 치욕을 겪었기 때문이다. 이 680원으로 인해 일어난 작은 사건의 후유증은 내 인생 고비마다 중요한 결정을 거의 좌우했다.

사건은, 춥고 배고프고 고된 훈련병 생활에 얼마간 익숙해진 무렵의 어느 날에 터졌다. 그날, 막 저녁 식사를 마쳤을 무렵 선임하사가 흰 봉투를 한 주먹 들고 내무반에 들어왔다. 첫 봉급이었다. 환성이 터졌다. 얼마나 기다리고 기다렸던가! 훈련소에서 나갈 때까지 쓸 수 있는 유일한 돈이니 한 번에 다 쓰지 말고 정말 배고플 때 조금씩 사 먹으라는 선임하사의 신신당부가 있었다.

지금도 그렇겠지만 당시에는 군에 입대할 때 모두들 비상금으로 약간의 현금을 지참했다. 그러나 훈련소에 들어가면서 전액을 예치했기 때문에 훈련을 마치고 훈련소를 떠나기 전에는 누구도 그 돈을 사용할 수가 없었다. 680원이 그래서 대단했고, 그래서 문제를 일으킨 것이다.

나는 지참금이 전혀 없었다. 달랑 우표 몇 장과 볼펜 한 자루가 소지품의 전부였다. 입대 전날 밤늦도록 친구들과 막걸리를 들이켰다. "우리의 젊음이 이렇게 좀 치는가 보다", 어쩌고저쩌고 씨부렁대며. 다음 날 새벽, 여관방에서 일어나 주머니를 뒤지니 남은 돈은 집결지인 의성까지의 버스 차비뿐이었다. 어슴푸레한 기억, 버스비만 남기고 한 잔이라도 더 먹자던 그 외침, 이구동성.

안동 버스정류장에서 친구들과 작별 인사를 했다. "몸 성히 잘 갔다 와라", "이제 우리 철들어서 만나자" 등등. 막 돌아서 가려는 내게 K가 이거 가지고 가라며 손을 내미는데 오백 원짜리 지폐였다. 놀라웠다. 오랫동안 K가 돈을 내는 것을 보지 못했고 그걸 당연시했던 우리들이었다. K는 늘 슬픈 표정이었고, 늘 배고픈 행색이었다. 나는 순간 이 상황을 극적으로 전환시키고 싶었다. "나는 나라에서 재워 주고 밥 주고 운동까지 시켜 준다. 이만한 호강이 어데 있노. 남은 네가 수제비라도 먹어야지." 그걸로 끝났다. "그래" 하며 K는 오백 원을 주머니에 넣었다(이 시추에이션은 이후 두고두고 친구들 사이에서 술안줏감으로 회자되었다).

　예치금이 없던 나에게 첫 월급 680원은 엄청나게 큰 금액으로, 더없이 소중한 것으로 여겨졌다. 이 돈을 어떻게 해야 하나 잠시 궁리하는 사이 내무반에 나 혼자만 남게 된 걸 알았다. '다들 PX에 갔구나!' 갑자기 뭘 먹고 싶다는 생각이 몰려왔다. 저녁밥을 방금 먹었는데도 배고픔이 느껴졌다.
　매점은 훈련병들로 가득, 시끌벅적했다. 신들이 나서 크림빵을 욱여넣고 있었다. 어느덧 나도 줄을 서고 있었다. 기다리는 동안, 아는 놈이 있나 해서 두리번거리는데 누가 내 이름을 부르며 어깨를 쳤다. J였다. 그는 담요를 함께 깔고 덮는 나의 바로 앞 번호 녀석이었다.

"너 아직 안 사 먹었지? 그 돈 나 좀 꿔 줘. 난 벌써 다 먹어 버렸어."

"뭐? 그새 그걸 다 먹어? 그게 다 들어가?"

"난 원래 많이 먹어. 그동안 배고파 죽는 줄 알았어."

"나도 배고파."

"넌 잘 참잖아. 훈련 마치면 3배로 갚아 줄게. 나 예치금 많아."

대략 이런 얘기들이 오갔다. 머릿속에서 주판알이 바르게 튕겨졌다. 그렇지 않아도 보충대로 가서 돈 없이 버틸 일을 걱정하던 터였다. 신병훈련을 마치면 근무지로 출발하기 전까지 짧게는 이삼일 길게는 일주일 정도를 보충대에서 대기했고, 군대 짬밥 대신 주로 매점에서 사 먹는 걸로 식사를 대신하기 때문에 돈이 없으면 견디기가 상당히 힘들었다(식당 언저리에서 사역병으로 끌려가는 경우가 많아 신병들은 식당에서 식사하는 것을 극도로 기피했다).

결론은 뻔했다. '3배다, 3주만 참자!' 배고픈 친구 도와주고 돈도 벌 수 있는, 둘 다에게 좋은 일이라는 확실한 논리도 세워졌다. 보충대에 가면 틀림없이 약속을 지킨다는 다짐을 받고 680원을 선뜻 내줬다. 사실 다짐을 받을 필요도 없었다. 녀석은 순진하고 착했다. 다만 너무 배가 고플 뿐.

나머지 3주 남짓은 참으로 더디게 갔다. 추위는 더 심해졌고 훈련은 갈수록 힘들어졌다. 모두들 하루하루를 이를 악물고 견뎠다. 훈련소만 떠나면 배불리 먹을 수 있고 지긋지긋한 고생을 면할 수 있다는 희망만을 붙든 채. 그런데, 희한하게도 나는 배고프지도 않았고 힘든 줄도 몰랐다. 보충대에 가서 3배를 받을 기대에 한껏 부풀어 있었다. J는 매일 저녁 매점에 가서 빵을 사 먹는 모양이었다. 한 번도 같이 가자거나 빵을 먹어 보라거나 하지 않았다. '내가 안 사 먹고 준 돈인데….' 섭섭하긴 했다. '3배다, 며칠 안 남았다!'

드디어 훈련이 끝났다. 우리는 휘파람을 불며 보충대로 행진해 갔다. 입소 신고 후 내무반에 더블백을 내려놓자마자 모두들 예치금을 찾으러 튀어 나갔다. '나도 이제 내 돈 찾아야지.' 매점에서 J를 금방 발견할 수 있었다. J는 짐작대로 빵을 먹고 있었다.

"야, 돈 찾았구나."

"…."

"돈 안 줘?"

"무슨 돈?"

"뭐라고?"

"무슨 돈을 달라는 거야? 뭐 맡겨 놓은 거 있어?"

순간, 아찔했다. '끝났구나!' 우리의 거래를 입증할 아무런 증거가 없었다. "아니다, 됐다" 하고 그냥 돌아섰다. 크림빵 34개가 날아갔다. 아니 102개가 사라진 거였다. 허탈했다. 허황된 이득을 얻으려 한 잔꾀가 가져온 당연한 결과였다. 보충대에서 대기한 사흘 동안 식당 짬밥을 먹었고 사역에 끌려다녔다. 이후 한탄강 넘어 배치 부대에 도착할 때까지 거의 굶다시피 했다.

평생 그날의 일이 준 치욕과 교훈을 잊지 않으려 애썼다. 그날 이후 지금까지 나는, 정당한 노력으로 얻은 대가 이외의 어떠한 소득이나 지위도 탐하지 않았다. 잘나가진 못했지만, 삶은 당당했고 편안했다. 가끔 J에게 감사하다.

원죄

양식 요리 교실 휴식 시간에 젊은 시절 얘기를 신나게 하던 K 씨가 뜬금없이 내게 물었다(수다에 끼지 않은 내가 서먹했던지).
"고향이 어디세요?"
"안동인데, 대구에서도 좀 살았어요."
"고등학교는 어디 다녔어요?"
"K 상고요. 공부 잘하셨나 봐요. H 여고 나오신 걸 보니."
순간 '아차' 했다. 그녀의 수다는 계속됐다. 나는 가슴이 뛰고 얼굴이 화끈거려 수업이 시작될 때까지 "네, 네"만 건성건성 했다. 수업 내내 집중이 되지 않았다. 집으로 오는 길에서도, 집에 와서도, K 상고가 머리를 떠나지 않았다.
'왜 거기서 K 상고가 튀어나왔을까? 그냥 고등학교 안 다녔다고 해도 되고, 검정고시 출신이라고 해도 되는데, 왜?' 평생 단 한 번도 K 상고를 내 입에 올린 적이 없었고, 누구로부터 들은 적도 없었는데.
K 상고를 다닌 사실은 어쩌면 나에게는 영원히 씻어지지 않

는 원죄 같은 것일지도 모른다는 생각이 들었다. 한 번 있었던 일은 아무리 숨기고 부인해도 결코 없어지는 법이 아니니까. 하늘이 알고, 땅이 알고, 내가 아니까. 갑자기 소름이 쫙 끼치고 현기증이 났다.

반세기나 지난 일이다. K 상고는 내 머릿속에서 지워져 있었다. 아니, 지워져야만 했고, 지워지길 간절히 바랐다. 겨우 반 학기 다닌 학교, 내 젊은 날의, 내 일생의 가장 수치스러운 부분. 가능만 하다면 영원히, 아무도, 내가 K 상고를 다닌 사실을 몰랐으면 했다.

열여덟의 5월 어느 날 K 상고를 자퇴한 후, 나는 스무두어 해를 국(초)졸 학력으로 살았다(정확히는 중학교 중퇴이지만 국졸이 단순명료해서). 공사석의 어떤 자리 어떤 상황에서도 출신 학교를 말할 필요가 있을 때는 국졸임을 분명하게 밝혔다.

전기 입학시험에 떨어지고 들어간 시골 중학교 생활은 내가 느끼기에는 거의 참사에 가까웠다. 이런저런 이유로 선생님들에게 불려 다니거나 얻어터지기 일쑤였고, 아이들과도 거의 어울리지 못했다. 오로지 3년만 버티자는 각오로 견뎠으나 2학년 겨울방학이 마지막이었다.

가족과 주변의 오만 질시와 박해를 무릅쓰고 2년 남짓 도서관학교(?)를 다녔다. 폭압적 선생들도 없었고, 성가신 아이들도 없었다. 2년여를 편안하게 책과 공부에 파묻힐 수 있었다.

큰형이 월남에서 군 생활을 마치고 돌아왔다. 전쟁터에서 번 돈으로 집안 경제에 상당한 기여를 한 데다 장남인 만큼, 막내 놈이 학교를 안 다닌다는 사실에 분노와 창피를 느낀 형은 내겐 말 한마디 없이 자기식으로 문제를 해결해 버렸다.

"새 학기에 대구 K 상고 2학년에 편입해. 다 조치해 놓았으니 말썽 부리지 말고 얌전히 다녀."

"형, 무슨 소리야! 난 중2 중퇴야. 그리고, 난 학교가 싫어, 진짜 싫어!"

"시끄러워 인마. 시키는 대로 해. 안 갈려면 집에서 나가."

"그래 나갈게, 나가면 되잖아."

씩씩거리며 옷가지와 책 몇 권을 가방에 쑤셔 넣고 있는데 어머니가 울면서 매달리셨다. 평생소원이라셨다. 두 번 다시 뭐라고 안 할 테니 이번 한 번만 당신 소원을 들어 달라셨다. 늘 차분하셨고 감정을 잘 드러내지 않으셨던 분이었다. '학교를 안 다닌 게 이렇게 큰 불효인가. 그래, 한 번만, 딱 한 번만 효도하자.' 목이 뜨거워 왔다. 어머니를 붙들고 함께 울었다.

중학교 2학년을 중퇴한 내가 갑자기 고등학교 2학년이 됐다. 당시는 학력 따위를 위조하는 것은 흔한 일이었다. 돈이나 빽만 있으면 대학 졸업장도 쉽게 얻을 수 있는 사회였다. 학교생활은 비교적 순탄했다. 반 아이들은 처음엔 무척 경계하는 듯했으나 (다른 학교에서 주먹질이나 하다가 퇴학당한 것으로 아는지) 그냥 조용히 지내는 것을 보고 안심했는지, 자기들과 같은 부류의 놈이라 판단했는지, 더 이상 별다른 관심을 보이지 않았다. 선생님들도 내가 사고 안 치고 결석하지 않는 것만으로 안도하는 것 같았다.

두어 달 지나 중간고사가 있었는데, 내가 전교 1등을 하고 말았다. 선생님들, 반 아이들 할 것 없이 상당한 충격을 받은 것 같았다. 그다음 주 전교 조회 시간에 앞으로 불려 나가 상장과 2학기 공납금 면제증서를 받았다.

죄를 지었거나 하자가 있는 놈은 남의 이목을 끄는 행동을 삼가야 하는 거였다. 설마 성적이 그렇게 나올 줄은 전혀 예상하지 못했다. 신중하지 못했던 처신을 후회했지만, 사달은 이미 난 거였다. 선생님들은 갑자기 아는 척을 하기 시작했고, 아이들은 뭔가 배신을 당한 듯 적의를 보였다. 나는 이 상황이 몹시 낯설고, 어색하고, 민망했다. 당황스럽고, 불안했다.

살얼음판은 며칠을 못 가서 깨지고 말았다. 반에서 평소 좀 거들먹거리던 A가 휴식 시간에 내 책상 위에 엉덩이를 올리더니 시비를 걸었다. 아이들이 주변에 슬슬 모여들었다. 금방 뭔가 터질 것 같은 분위기였다.

"야! 너 공부 좀 하네. 아니지? 아니지? 너, 시험지 훔쳤지?"

"…."

"맞네, 훔친 거 맞네. 이 새끼 난 놈이네."

A는 뭐라고 계속 빈정대며 손으로는 내 머리를 툭툭 치고 발을 내 무릎에 얹고 비볐다. 녀석은 기대를 저버린 대가를 치르라고 요구하는 것 같았다. 어떻게 대응하는 것이 최선인가 빠르게 판단해야 했다. 답이 떠오르지 않았다. 머리가 꽉 막힌 것 같았다. 어머니와 형의 얼굴이 어른거렸다. 다행히 금방 안정이 됐다. 잘못된 건 한시라도 빨리 되돌리는 것이 순리. 말없이 일어서서 가방을 들고 교실 문을 나왔다. 아무도 말리거나 방해하지 않았다.

죄지은 놈이 당당하게 맞설 수는 없었다. 나는 애초에 K 상고의 학생이 되면 안 되는 거였다. 아무리 어머니가 울고 매달리셨어도, 아무리 형이 강요를 했어도, 내가 잘못 판단했고, 내가 잘못 선택한 것이었다. 결과는 당연히, 오로지, 내 것이었다.

그날 국졸 소년은 어디로 가야 할지, 언제 어떻게 끝날지, 도무지 알 수 없는 청춘 방랑의 첫발을 내디뎠다. Donde Voy, Donde Voy!

학력 에피소드

　지금은 스펙이 딴딴하지만 마흔이 될 때까지 나는 국졸(초졸) 학력으로 살았다. 정확하게는 중학교 2년 중퇴인데 말하기 간편해서 그냥 국졸로 하기로 했다. 나는 학교생활에 적응하지 못했다. 억압적 분위기의 학교와 교사들, 성가신 아이들, 견딜 방법을 고민하던 조숙한 실존주의자는 가출로 돌파구를 찾으려 했다. 가출은 결국 해프닝으로 끝났지만 학교는 그만둘 수 있었다.
　이후 도서관을 몇 년 출입했고, 검정고시로 대학에 가려고 생각했으나 위 두 형이 대학에 다니고 있었고, 마침 가세가 기울어 스스로 진학을 포기하고, 학력(學歷)이 아니라 학력(學力)으로 살기로 방침을 정했다. 나는 지금껏 국졸 학력으로 인해 특별한 불편이나 차별을 겪은 기억이 없다. 나의 남다른 이력을 두고 직장 동료들이 뒤에서 수군거리긴 했겠지만 그런 분위기를 직접 느낀 적은 한 번도 없었다. 동창 친구가 없고 학창 시절의 추억이나 낭만 같은 것을 알지 못하니 아쉬운 점은 있지만, 대신 국졸 방랑소년만이 할 수 있는 다른 많은 경험을 했으니 상쇄할

만하다고 생각해 왔다.

　군에서 제대하고 고향에서 돼지도 기르고 채소도 재배하는 등 신선놀음을 한 철 했는데, 영농에 소질이 없었든지 정성이 부족했든지 수확이 좋지 않아 농협 돈을 갚지 못하게 되고, 그 해결책으로 취업을 해야 했다. 취직에 별 장애나 어려움은 없었다. 당시는 입시 과열과 과외의 폐해를 시정하려는 국가 정책에 의해 공직과 민간기업 할 것 없이 채용에 학력 제한을 두지 못하도록 강력한 행정지도가 시행됐고, 입사는 거의 대부분 필기시험에 의해 당락이 결정되는 시스템이어서, 개인의 능력과 노력 여하에 따라 학력과 무관하게 어디든지 들어갈 수가 있었다.

　이런 시대적 환경 덕에, 그렇지 않았으면 엄청난 콤플렉스와 스트레스였을 국졸 학력을 나는 그저 별스러운 인생을 살 수 있는 자격증 정도로 치부했고, 학력(學力)에 대한 호기로운 자부심을 유지하기 위해 홀로 공부에 엄청난 노력을 쏟았다. 그러니 당연히 언제 어떤 상황에서든 국졸 학력을 밝혔고, 가끔 저명인사들이 학력을 속이거나 숨긴 사실이 들통 나서 창피를 당하는 뉴스를 접하면 야릇한 쾌감마저 느끼기도 했다.

　이런 나도, 사회가 아닌 군대에서는, 상황에 따라 국졸 학력을 밝히기도 하고 가짜 학력을 묵인하기도 했다. 딱히, 학력을 밝히거나 속여서 무슨 득을 보려던 것은 아니었지만, 결과적으로 일정 기간 가짜 학력 덕을 본 것은 인정하지 않을 수 없는 사실이다.

나의 군 생활은 시작부터가 수상했다. 1973년 12월 논산훈련소 예비대에 입소해서 처음 겪은 시련은 황당 그 자체였다. 군적에 내가 경북대학교 영문과에 재학 중인 걸로 기록되어 있었다. 중학교 2년 중퇴인 내가 어찌하여 대학생이 됐는지 당시에는 도무지 이해되지 않았고(후일, 본적지 마을 이장인 고종사촌 형이 형들에 이어 나도 당연히 대학생인 걸로 알고 병적에 올렸는데, 아는 대학교 이름이라고는 경북대학교뿐이고 내가 영어를 잘한다고 어찌어찌 그곳까지 소문이 나서 그렇게 신고한 걸로 판명), 그 기록 탓에 신체 등급이 갑종인 내가 단기하사관 후보로 분류되어, 붉은 명찰을 달고 몽둥이와 호루라기로 무장한 하사관학교 조교들 앞에 쪼그리고 앉은 신세가 됐다.

하사관 후보로 분류된 고졸 이상의 신체 등급 갑종인 장정들을 상대로 하사관 지망 의사를 확인하는데, 말이 의사 확인이지 사실상 그냥 통보였다. 나를 포함한 대다수의 장정들이 희망을 하지 않았는데(당시 하사관학교의 6개월 훈련과정은 고되기로 악명이 자자해서 입대 장정들은 누구나 알고 있었다), "네"라는 소리가 나올 때까지 기합과 매타작이 가해졌고, 결국 모두 지망서에 지문을 찍고 말았다.

나는 끝까지 버텼다. 이유는 오직 하나, 훈련이 두려워서가 아니라 잘못된 학력을 묵인하는 것이 내 정체성을 부인하는 것처럼 느껴져서 너무나 싫었기 때문이었다. 나의 끈질긴 항변에 진정성이 느껴졌는지 시간에 쫓긴 때문인지, 조교들은 나만 남기고 다른 장정들을 인솔하여 하사관학교로 출발해 버렸다.

시작이 이랬으니 군대에 대한 인상이 좋을 리가 없었다. 안 그래도, 학교도 안 다니며 자유분방한 소년 시절을 보낸 내가 군 생활에 적응하는 것은 쉽지 않았을 텐데…. 앞으로의 3년이 구만리처럼 느껴졌고, 두들겨 맞은 몸은 만신창이가 된 듯했지만, 나를 지켜 냈다는 자신감만은 솟구쳐 올랐다.

6주간의 논산훈련소 기초군사훈련을 마치고, 배치된 곳은 전방 부대였다. 또 학력이 문제였다. 당시에는 초등학교를 졸업하지 않았으면 군대에 가지 않았고, 중학교 이상을 졸업한 병사라야 전방에 배치될 수 있었는데, 나는 잘못된 병적기록 탓에 꼼짝없이 최전방 포병부대에서 3년을 보내게 생긴 거였다. 북으로 가는 야간열차에 몸을 실은 이등병들은 풀이 죽은 모습들이었다.

철원의 사단 보충대에서 일주일을 보낸 뒤, 같은 포병대대로 배치받은 8명의 겁먹은 신참 병사들은 마중 나온 연락병을 따라 한밤중에 시커먼 한탄강을 얼음을 지쳐 가며 건넜다. '살아서 돌아갈 수 있을까?'

호롱불 아래의 인사과는 우리가 도착하기 전에 이미 우리가 근무할 포대와 보직을 정해 두고 있었다. '너는 어디, 너는 어디', 이런 식이었다. 나를 제외한 7명은 3개의 곡사포대로 나뉘어 바로 출발했다. 나는 대대본부에 남게 됐고 본부 행정반의 작전서무병으로 정해졌다. 이유는 딱 한 가지, 대학을 다녔다는 거였다. 펜대 굴리는 것은 배운 자가 하는 일이고, 배운 자는 곧 학력(學歷)으로 판정됐다.

그 심각한 상황에서도 나는 속에서 피식 웃음이 나왔다. '또 학력이야!' 어이가 없었다. 하긴, 써 보지 않은 사람의 자질을 판단하는 가장 확실하고 객관적인 잣대가 학력이라면 굳이 부인할 근거가 없긴 했다. 어떻게 해야 하나, 잠시 망설이는데 선임하사가 글씨를 써 보란다. 볼펜으로 평소대로 썼더니 군대에서는 정자로 써야 하는데 할 수 있겠냐고 물었다. 얼떨결에 어차피 그리는 건데 며칠이면 될 거라고 대답해 버렸다. 그런 기능적인 일은 별거 아니라는 의미로 한 말인데, 선임하사는 "그럼, 됐네" 했다. 대학 학력을 부인할 타이밍을 놓쳐 버린 것이다. 국졸 학력을 밝힐 생각이 애초에 없었던 건지도 모르겠다. 지금도 나는 그 순간의 내가 잘 이해되지 않는다.

이후는 매사가 순조로웠다. 탄탄대로였다. 마침 작전서무병의 제대일이 임박해 있고 후임자를 구하지 못해 본부 행정반 선임하사(속칭 인사계)가 속을 태우고 있던 터라, 전입하는 날로 나는 이등병 주제에 '부인사계'라는 별명의 막강한 자리를 꿰차고 말았다. 고참병들은 인사계라는 든든한 뒷배를 둔 나를 함부로 하지 못했고, 6.25 참전 소년병 출신인 인사계의 위용 때문에 장교들과 다른 하사관들도 나를 다르게 대했다. 군에서는 '계급보다는 보직'이라는 말이 진짜였다.

대학만이 아니었다. 영문과 출신이라는 이유로, 그간 영어 편지를 쓸 수 없어 동기생들에게 연락을 못 한 대대장(미국 포병학교에 유학)의 편지를 번역하게 된 이후로는 대대장실을 가끔 들락거리게 되고, 진급도 빨리해서 입대 16개월 만에 병장이 됐는데(인사과 선임하사가 6.25 이후 사단에서 가장 빠른 승진이라고 농담인지 진담인지를 자주 했다), 동기생들이 모두 일병이었을 때였다.

특히 작전계획이나 훈련 교안을 작성한다든가 하는 다소 복잡하고 지적인 작업은 거의 내가 도맡아 하는 등, 여러 면에서 사병으로서는 나름 특별한 역할을 담당했다. 워낙 관여하는 일이 많아 바쁘기도 하고 힘들기도 했지만 자신이 유능하고 중요한 존재라는 자부심으로 군 생활 내내 사기 충천 했던 것 같다.

가끔 돌이켜 보면 내 인생의 최전성기는 그때가 아니었나 싶기도 한데, 이 모든 것이 가짜 학력으로부터 비롯됐다니, 아이러니도 이런 아이러니가 없다. 도대체 학력이 뭐길래! 비록 군에서의 일이고, 의도한 것은 아니었지만, 나도 학력을 속인 사람 중의 하나라는 사실 자체는 피할 수 없을 것이다.

똑똑해지기 위하여

　칠순이 돼서인가 생각이 많아졌다. 지난 삶을 자꾸 되돌아보게 된다. 나는 어떻게 살았는가? 이 질문에 대한 답을 찾기 시작한 것이다. 물론 가끔은 그런 생각을 하면서 살아왔지만, 구체적이고 분명한 결론을 얻기 위해 차분한 회고와 사색에 든 적은 없었다.

　수필 쓰기를 시작한 것도, 지난날을 되새겨 노후를 의미 있게 보내려는 나름의 선택이었는데, 작가라는 이름 하나 얻은 것 빼고는 별달리 내 삶에 변화를 가져오진 못했다. 내가 어떻게 살았는지 나란 사람의 정체성이 무엇인지에 대한 성찰도 부족했고, 문학이나 글에 대한 특별한 천착이 있었던 것도 아니고, 타고난 재능이 있었던 것은 더욱 아니며, 글을 쓰기 위한 어떤 배움이나 사전 준비도 없이 시작했으니 당연한 결과라 하겠다.

　하지만 이번은 다르다. 내 삶을 정리할 때가 된 것이다. 다들 백세시대라고 공허한 노래를 부르지만, 고희면 말 그대로 이미 살 만큼 산 것이고, 언제 죽어도 그렇게 이상하지는 않을 것이다(현재도 인류의 90% 이상이 65세 이전에 죽는다. 내 할아버지는 쉰 살 남짓, 아버지는 일흔 사시고 돌아가셨다). 한참 더 산다 해도, 별 가치 있는 일을 할 수 있을 가능성은 별로 없다. 굳이 의미를 찾자면 자식들에게 상징적 존재로 기능하면서 편안한 노후를 보내는 정도다. 이런 여생이 길어진다고 과연 기뻐할 수 있을지, 길어지라고 바랄 수 있을지, 착잡하다.

내가 무엇을 위해 살았는지를 명료하게 하기 위해(결과로 여생을 어떻게 살아야 할지도 알게 될 테니), 지나온 삶을 하나하나 분석해 보기로 했다. 인생의 중요한 변곡점마다 어떤 선택을 하였는지, 어느 시기에 뭘 했는지, 평생 지속적으로 해 온 일은 무엇인지, 가장 많은 정성과 시간을 쏟은 일은 무엇인지. 구체적으로는 부, 명예, 권력 등을 얻기 위해 어떤 노력을 했고 결과는 어땠으며, 이들에 대한 내 태도는 어떠했는지에 대해 곰곰이 계산했다.

청소년기에 정규 학교를 제대로 못 다닌 탓(덕)에 상당 기간을 자유롭게 방황했지만, 군에서 제대한 후는 우리 세대 보통의 대학 졸업자들과 마찬가지로 대기업 월급쟁이를 이십수 년 했고, 회사를 떠나서는 몇 년간 스스로 창업한 기업을 경영하다가 은퇴했다. 다른 사람들과 별반 차이점이 없다.

그럼에도, 남들과 꽤 다르게 살았다는 생각이 든다. 일을 하면 주어지는 보수 이외에, 부를 쌓기 위해 부동산이나 증권 등 어떠한 투자 행위도 한 적이 없고, 상당한 권력을 얻을 가능성이 있는 제의를 몇 차례 받았지만(소위 말하는 줄서기) 정중히 거절했으며, 이름을 내고 체면을 세울 수 있는 자리는 늘 양보했다.

돈을 좇으면 왠지 패가망신할 것 같은 불안감이 들었고, 명예를 얻는 일에는 차마 부끄러워 나서지 못했고, 권력은 가지면 좋은 일을 할 수도 있다는 유혹이 있었으나 그것을 쟁취하는 과정의 이전투구를 견딜 자신이 없어 포기했다. 간단히 말하면 그런 것들이 싫어서나 나빠서가 아니라, 가질 소질 자체가 태생적으로 내겐 없었던 것이다. 취업, 사랑, 결혼, 퇴직, 창업, 은퇴 등 인생의 중요한 의사결정에도 그런 세속적 가치가 별다른 영향을 미치지 못했다. 사실상 부, 명예, 권력과는 애초에 관계없는 삶을 산 것이다.

이순이 될 때까지 일에 골몰했다. '일을 잘해야 한다. 일을 효율적으로, 효과적으로 해야 한다. 성과를 내야 한다'는 거의 강박에 가까운 심적 부담을 늘 지니고 있었다. 돈과 명예와 권력을 가질 자신이 없으니, 일이라도 잘해서 남들보다 더 나은 성과를 내는 똑똑하고 유능한 사람으로 인정받는 것이 나를 지키는 길이라고, 의식 무의식적으로 생각하고 행동해 온 것이다.

일 이외의 시간은 주로 공부를 했다. 회사 생활 때문에 어쩔 수 없는 경우를 제외하고는 오락이나 취미에 시간을 사용한 기억이 거의 없다. 똑똑해지기 위해 내가 할 수 있는 일은 공부라고 생각한 것이다. 사실상, 내가 정의 내린 똑똑한 삶(올바른 상황 이해와 판단, 결정, 실행, 사후관리)을 위한 능력을 기르는 데 내가 활용할 수 있는 시간의 거의 대부분을 사용한 것이다.

출세나 성취 그 자체보다는, 일을 하는 과정상의 노력과 그들을 이룰 실력을 갖추는 데 더 비중을 두고 살게 된 동기나 시작점이 있었을 것이다. 내 인생 최초의 실패, 내 인생 최대의 실패, 내 인생의 큰 흐름을 거의 결정한 어릴 적 그날의 사건부터였을 것이다. 옛날 생각은 늘 거기서부터 시작된다. 나는 중학교 입학시험에서 떨어졌다. 단순히 실력 부족으로 떨어진 것이 아니라, 황당한 짓을 해서 떨어졌다.

내가 지원한 학교의 입학시험 합격 여부는 난이도가 최상인 문제를 몇 개 이내로 틀렸느냐에 달려 있었다. 시험 후 열 개 틀리면 불합격이네, 열한 개 틀리면 불합격이네 하는 소문이 떠돌았다. 집에서 둘째 형과 정답을 확인하는데 난이도 최하의 문제 중 하나에서 내가 틀린 답을 골랐다는 것이 확인됐다. 한두 문제의 정오(正誤)가 당락을 결정하는 마당에 도저히 틀려서는 안 되는 문제였다. 아마도 그 시험에서 그 문제를 틀린 응시자는 나뿐이었을 것이다. 형은 정답 체크를 중단하고 볼펜을 던지고는 나가면서, "그 실력으로 우리 학교를 지원했냐?"라고 딱 한마디 했다. 이미 합격 여부가 문제가 아니게 됐다. 실수로 틀린 것도 아니었다.

  그 문제는 지참해 간 각도기를 문제지에 그려진 그림에 대고 각도를 측정해서 맞는 답을 고르는 문제였다. 그냥 나온 각도와 일치하는 답을 고르면 되는 거였다. 내 각도기로 잰 결과는 141°였고, 선택지는 140°, 141°~143°, 144°, 145° 네 개였다. 그냥 두 번째 답을 고르면 되는데 나는 좀 더 깊이 생각했다. '지금 우리나라의 공업 수준이 낮고 초등학생들이 사용하는 조악한 각도기는 오차가 커서 1° 단위로는 답을 결정할 수 없을 테니, 출제자들이 140°나 145° 식으로(소위 꺾이는 숫자) 답을 결정했을 것이다'라는 엉터리 추론을 하여 140°를 답으로 정해 버린 것이다. 실제로는 출제자들이, 문방구에서 파는 각도기로 잰 평균값을 142°로 상정하고 ±1°의 오차를 둔 141°~143°를 답으로 정했을 것이다. 나는 거기까지는 생각을 못 했다. 단순한 문제를 복잡하게 생각하는 우를 범했고, 꺾이는 숫자가 먼저 머리에 떠올라서 성급하고 경솔하게 판단해 버린 것이다.

시험에 떨어진 것보다 그 문제를 틀린 것이 트라우마가 돼서 일생 내 머릿속에 똬리를 틀고 앉아 나를 몰아간 것 같다. 두 번 다시 그같이 잘못된 판단을 반복하면 안 된다는 강박에 평생 시달린 게 아닐까 싶다. 늘, 알아야 할 것을 모르고 있는 것은 아닐까, 편향된 판단을 하는 것은 아닐까, 결정에 필요한 데이터는 모두 수집·분석됐는가, 실행 전 의견은 수렴됐고 협의는 충분한가, 결과는 꼼꼼하게 확인하고 있는가 등에 노심초사했다. 일에서만이 아니라 일상의 개인사에 대해서도 거의 같은 고심을 했다.

그렇게 살아서 과연 나는, 똑똑해졌는가? 늘 옳은 판단을 하고 바르게 실행했는가? 여전히 모르는 것이 많고, 수많은 실패를 하고도 여전히 크고 작은 잘못을 반복해 왔다. '똑똑해지기 위하여'는 계속 진행형인 것이다.

초심(初心) 지키기

　군에서 제대 후, 어떻게 살아갈까 이런저런 궁리를 했지만, 딱히 하고 싶은 일도 없었고, 더구나 단지 먹고 살기 위해서 무얼 한다는 건 전혀 마음이 내키지를 않았다. 당시는 군사정권 말기여서 정부와 공권력 나아가 정경 유착 등 전반적인 사회 시스템에 대해 막연한 거부감이 있었고, 관공서를 상대로 사업을 하면서 힘들어하던 아버지의 영향도 받은 터라, 나마저 세상에 나가서 잡배 노릇이나 광대 노름을 하고 싶지는 않다는 생각을 했다. 게다가 내세울 만한 능력이나 이력도 없어서, 이 풍진 세상, 그냥 시골 한적한 곳에서 한 밭뙈기 농사나 지으며 조용히 살아도 별로 잘못된 일은 아니라 여겼다.
　그래서 비슷한 처지의 비슷한 생각을 하는 고향 친구 몇과 변두리에 두어 칸 집과 돼지우리가 딸린 밭 수백 평을 빌려서 안빈낙도·유유자적하고자 했는데, 이게 사달이 났다. 아무리 작은 규모의 영농이라도 기본적인 기술이 필요하고 최소한의 노력은 들여야 하는 법인데, 잘되더라도 그 정도 규모의 농사 소출로는 건장한 청년 몇의 양식과 막걸릿값을 충당할 수가 없을 텐데, 전혀 자질과 자세를 갖추지 못한 한심한 청년들은 농사에 땀을 흘리기는커녕, 허구한 날 베짱이 흉내만 냈다.

우리의 그 잘난 농사는 일 년이 못 가 파탄이 나고 말았다. 남은 건 단위농협에서 빌린 영농자금 채무뿐이었다. 대부계에 근무하던 친한 선배의 억지 보증으로 담보 없이 빌린 돈이라 떼먹을 방법도 없었다. 50만 원은, 그 선배의 석 달 치 월급에 해당하는 적지 않은 금액이었다. 결국 내가 총대를 메게 됐다. 단기간에 취직 시험에 붙을 가능성이 있는 사람이 나뿐이라는 이유였다. 당시는 학력 제한도 없었고 어디든 필기시험만 붙으면 취업할 수 있었다.

가장 빠른 시험이 석 달 후의 강원도 지방공무원 채용 시험이었다. 고향에서 공무원 하기도 어쩐지 불편할 것 같았던 터라 잘됐구나 하고 응시했고 합격했다. 나로서는 제대로 된 최초의 직장이었다. 사실은 오래 할 생각도 없었고, 빚만 다 갚으면 그만둘 작정이었다. 어쨌거나 상상조차 해 본 적 없는, 영 다른 길로 들어서게 된 것이었다.

누구나 취직을 해서 사회생활에 첫발을 내디딜 때는, 나는 이렇게 살겠다 하는 각오를 하거나 꼭 지키고 싶은 초심 같은 것을 가슴에 새기게 된다. 나도 그랬다. 첫 출근을 하던 날, '아무리 궁여지책으로 택한 일이지만, 훌륭한 공무원은 못 되더라도, 기본적으로 주민에게 도움이 되는 행정을 하고 뇌물을 받거나 부정한 청탁을 들어주는 일만은 결코 하지 말자'는 각오가 자연스럽게 생겼다. 어릴 때 심부름으로 돈 봉투를 배달하러 관공서를 들락거리는 게 너무나 싫었던 기억이 생생했고, 당신이 경찰관 출신이었으면서도 어린 아들을 시켜 뇌물을 돌려야 했던 아버지의 고뇌를 잊지 않았기 때문이었을 것이다.

　강원도 원성군(지금은 원주시에 편입)에서 시작한 공무원 생활은 내가 짐작했던 것과는 크게 달랐다. 출근 첫날, 부임 인사를 마치기 바쁘게 책상에 앉아 보지도 못하고, 작업복과 군화로 무장을 한 다음 논두렁 밭두렁으로 달려 나갔다. 농번기는 거의 매일 그런다고 했다. 하나부터 열까지 공무원들의 지도와 감시·감독 없이는 농사가 되지 않는다고 했다. 고유 담당 업무와 관계없이 계장 이하 모든 직원들은 책임 구역이 있고, 쌀 수확량 목표가 할당돼 있다는 거였다. 통일벼 목표량을 달성 못 하면 담당 구역 농민들은 그만큼 굶을 수밖에 없다는 얘기를 들었을 땐 막 가슴이 뛰었다. 그때까지 그렇게 감격해 본 적이 없었다. 눈앞에 드리워진 검은 장막이 일순에 걷히는 것 같았다. 우선 반성부터 했다. '내가 세상을 몰라도 너무 몰랐어. 내가 할 일

이 있구나!'

 세상일이 대체로 그렇지만 직접 해 보지 않으면 제대로 알 수가 없는 법이다. 공무원들이란 주로 사무실에서 서류나 뒤적거리며 각종 인허가권이나 단속권을 휘두르고, 주민들의 민원을 해결해 주면서 으스대는 족속들이라 여겼는데, 이 사람들이 주민을 먹여 살리다니! 이 사람들이 백성의 굶주림을 해결하다니! 생각을 고쳐먹고 옷매무새를 가다듬었다.

 세상이 싫어 은둔하려 했던 철없는 청년이 하루아침에 열혈 새마을 일꾼이 됐다. 치악산 화전민과 궁핍한 농민들을 위해서라면 이 한 몸 바치리라 하는 생각이 절로 들었다. 내가 원래 이런 사람이었나 싶을 정도였다. 통일벼 증산과 마을환경개선 등 새마을사업에, 나는 거의 만능 일꾼이 된 듯했다. 내 담당 마을에서의 주민들의 경제와 생활은 거의 모두 나의 지도하에 이루어졌다. 농민들은 나를 무슨 대단한 경험과 능력을 지닌 사람인 것처럼 대했고 또 따랐다. 거의 매일 퇴근 시간 직전에야 사무실로 돌아와서 서류 업무를 하고, 못다 한 일은 주말에 출근해서 몰아서 했다. 나 스스로 내가 대견했다. 그런 자부심에 취해, 연중 내내 휴가 한 번 없이(물론 나만 그런 것은 아니었지만) 일에 몰두했고, 동료들로부터 새마을사업이 체질이라는 농담을 듣기도 했다. 이러다가 평생 공무원 하는 거 아냐 하는 걱정이 들 정도였다.

　계절이 후딱후딱 바뀌었다. 많은 일들이 있었다. 대통령이 시해됐고, 계엄령이 내려졌다. 군청 마당에 탱크와 무장한 군인들이 주둔해 있었고, 청사 안에 육군 중령을 지휘관으로 하는 계엄군 지휘소가 차려졌다. 나라 전체로는 격동의 시기였고 사람들은 다소 술렁거렸지만, 우리 같은 말단 지역 행정 단위는 행정적 변화나 정치적 상황의 영향을 받은 일이 별반 없었다. 하던 일은 그대로 계속됐고 따로 신경 쓸 일은 없었던 것으로 기억한다. 매일 군인들을 봐야 하는 것 빼고는 내 공무원 생활이 달라진 건 없었다. 계속 그냥 죽어라 뛰어다녔다. '나 같은 별 볼 일 없는 인간이 여러 사람들을 배부르게 하고 편히 살게 할 수 있다는데, 이보다 더 신나는 일이 어디에 있는가' 하는 심정이었다.

　공무원 일 년 차는 초심이 도전받거나 흔들릴 만한 일이 없었다. 진정으로 주민들을 위해서 일했고, 인허가나 거액의 예산을 집행하거나 사업자를 상대하는 일이 없었기 때문이었다. 그래도 거의 매일 농민들로부터 막걸리 사발이나 얻어 마셨고, 마침 점심때가 되면 논두렁에서 함께 밥을 먹기도 했다. 처음에는 이래도 되나 하고 다소 께름직하기도 했는데, 다들 그랬고 인정상 그 정도는 괜찮다고 해서 나도 그렇게 정리를 했다. 아마도 남에게 뭘 공짜로 얻어먹은 게 내 일생 그때가 제일 많았지 않았나 싶다.

공무원 2년 차로 초보 티를 벗을 때쯤, 당시 '민족의 대역사'라 불렸던 농촌주택개량사업 담당을 맡게 됐다. 한 해에 50여 개의 마을을 새로이 조성하여 수백 동의 농촌주택을 지어야 하는, 군청 1년 예산의 절반 정도를 기획 집행하는, 엄청난 임무가 내게 주어진 거였다. 그 직위가 군청에서 가장 비중 있고 주목받는 중견 주무관 자리였지만, 일이 워낙 위험하고 힘들어서 다들 기피하는 통에 신참인 내게까지 떠밀려 왔다는 걸, 나는 책상을 옮기고 나서야 알았다.

드디어 초심이 시험받고 도전받게 될 일을 맡은 것이었다. 수많은 관급자재를 배분하고, 주택사업특별회계의 자금을 여러 개의 단위농협에 분산 예치하고, 직영 벽돌생산공장을 관리하고, 농촌주택 건축허가를 내주고, 관련 사업의 입찰 및 사업자들을 관리하고, 동료 직원들의 업무를 지휘하며 사업을 총괄 관리하는 등, 직접 하는 일 거의 전부가 복잡한 이해관계를 세밀히 조정해야 하는, 청렴과 용기와 실무적 기술을 요구하는, 어려운 과제들이었다. 세상살이 경험이 일천한 27살 청년으로서는 감당하기 힘든 시련일 수도 있었지만, 나는 오히려, '내가 누구야! 어차피 일하는 거 이 정도는 해야지' 하는 식의 오만으로 무장했다.

무식하면 용감하다든가. 그때의 내가 딱 그랬다. 행정 경험이 많지 않은 사람으로서 오히려 유리한 점도 있었다. 사안에 따라 결재 라인과의 의견 차이나 협조 부서와의 마찰이 다소 있었지만 주민 이익, 법과 원칙, 효율과 효과에 대한 소신으로 꺾이지 않고 올곧게 나아갈 수 있었다. 거기에 공무원 신분보장이 내게 훌륭한 뒷배가 돼 줬다.

초심을 계속 유지하는 것이 결코 생각만큼 쉽지는 않았다. 특정 사업자에게 유리하게 입찰을 진행하라든가, 특정 농협에 자금을 더 많이 예치하라든가, 누구누구에게 관급자재를 더 빨리 많이 주라든가, 건축허가를 할 수 없는 곳에 허가를 내주라든가, 불법 건축물에 준공 승인을 해 주라든가, 특정 마을에 유리하게 사업계획을 세우거나 수정하라든가, 다양한 압력과 청탁과 유혹이 있었으나, 법적으로 또는 상식적으로 담당자의 재량 범위를 넘어서는 정도로 일을 처리한 적은 없었다.

한편, 내 담당 업무 중 단순하면서도 주의를 요했던 일은 건축이나 토목 공사에 쓰는 골재(모래와 자갈)를 배분하는 것이었다. 원주의 남한강에서 채취되는 골재는 품질이 좋아서 비싼 가격에 팔리고 있었는데, 새마을사업용 골재에 한해서는 무료였고 그 무료반출권을 내가 발행했다. 발행 시에 결재를 받지도 않았고 발행대장에 용도와 수령자만 간단히 기입했기 때문에, 얼마

든지 임의 발행이 가능했고 부정한 발행을 발견하기도 쉽지 않았다. 당시 내 한 달 월급이 16만 원 남짓이었는데 골재 한 차가 2만 원이었으니, 여기에 부정과 비리의 유혹이 생기는 것은 그리 이상한 일이 아닐 수도 있었다. 누구든 반출증 한 장이면 2만 원을 간단히 챙길 수 있었고, 건축주들은 비용을 줄일 수 있었다. 그래서, 내 전임자 중에는 경찰이나 국군보안대로부터 조사를 받아 처벌되거나 곤욕을 치른 사람도 있었다.

  사안이 꽤 위험하고 쉽지 않은 것 같았으나, 나는 단순하게 생각했다. 불필요하거나 부정한 발행을 하지 않으면 되는 거였다. 미리 인쇄돼 군수 직인이 찍힌 반출증은 최종적으로 담당자 실인이 찍혀야 효력이 발생하기 때문에, 내가 도장을 찍지 않으면 누구도 유효한 반출증을 발행할 수 없었다. 심심치 않게 압력과 유혹이 있었고 실무적인 시비와 마찰이 없지 않았으나 견딜 만했다. 지구 보안대에 관련 장부를 모두 들고 가서 조사를 받은 적도 있었다, 군청 간부들과 건설업자들 간의 유착을 찾으려 하는 것 같았는데, 상사 계급의 조사관은 내가 너무 천진난만해 보였던지 몇 시간 만에 조사를 포기해버렸다. 그냥, 부정부패를 발견하면 바로 알려 달라고 부탁하면서 돌아가라고 했다. 잘못한 게 없으니까 그 무시무시한 보안대에 불려 가서도 별로 무섭거나 불안하거나 하지 않았다. 그때 나는 당당함의 힘을 실감했다. 당당함은 잘못이 없거나 정직할 때에만 자연스럽게 나오는 태도라는 걸 알게 됐다.

마을 이장들이 마을 환경개선을 위해서 요청하거나 농가 개개인들이 필요로 하는 골재에 대해서는, 특별히 부정 사용의 의심이 들지 않는 한 제한 없이 반출증을 발행했다. 순수하게 주민들을 위한 이런 일 처리가 엉뚱하게 나를 난처하게 만든 경우도 있었다. 마을 이장들 중 일부가 마을을 대표하여 촌지 봉투를 만들어 가지고 오는 일이 가끔 있었다. 직접 주는 때는 정중히 거절하면 됐는데 나 모르게 서랍에 넣고 가는 경우도 발생해서 오해받기 십상이었고 돌려주기까지 시간도 걸렸다. 나는 누가 알세라 약간 불안했다. 혹시 내가 그들에게 특별한 혜택을 주지 않았나 의심받을까 해서였다. 답은 역시 당당함이었다. 나는 응당 할 일을 했을 뿐, 잘못이 없었다. 설령 다른 사람이 안다고 해도 내가 걱정할 일이 아니었다. 돈 봉투를 안 받으니 민물고기를 잡아 오거나 먹을 것을 가져오는 사람들이 있었다. 단골 식당에 가지고 가서 동료들과 같이 먹었다.

내무부(행정안전부) 정기종합감사를 받을 때였다. 공무원들이 제일 무서워하는 게 감사였다. 업무별로 수시감사는 종종 있는 일이지만 내무부 종합감사는 사실상 군청 한 해의 업적을 평가받는 일이나 마찬가지였다. 군청 전체가 몇 주 전부터 감사 준비를 한다고 야근을 거듭하고, 서류 캐비닛을 다 뒤져 가면서 잘못된 일이 없나 부산을 떨었다. 나는 감사를 경험한 적이 없어서 준비 노하우도 없었고, 잘못한 일이 없는 것 같아서, 감사 준비 시늉만 하고 실제로 따로 대비하는 일은 별로 없었다. 감사 시작일, 군청 강당에 감사장이 마련되고 한 주 예정의 감사가 시작되자 사실상 군청의 사무는 정지 상태에 들어갔다. 다들 언제 불려 들어갈까 이제나저제나 하고 불편한 심정으로 앉았다 섰다 반복했다.

나는 오히려 무료했다. 감사 삼 일째인가 감사관이 나를 부른다는 연락이 왔다. 감사관 앞에 앉자 그는 내가 너무 풋내기 같았던지 고개를 갸우뚱하면서 건축허가 관련 서류를 내 앞에 펼쳤다. 내가 담당한 농촌주택 건축허가 중에 대지가 아니라 임야에 건축을 허가한 것이 여러 건이라는 거였다. 산림법, 건축법 등 명백한 법률 위반으로 형사처벌을 받을 수 있는 중대한 하자라는 것이었다. 법규를 준수해야 할 공무원이 어떻게 이런 짓을 감히 할 수 있냐며 어이없다는 표정을 지었다. 그간 잊고 있었지만 허가 당시에 이미 상당한 고민과 궁리를 한 사안이라 괜찮겠지 하면서도 속으로는 약간 움찔했다. 나는, 대지에 건축을 허가한 것이지, 임야에 건축을 허가한 적이 없다고 말했다. 잘못이라면 대지를 임야라고 지적공부에 잘못 기재한 것이 잘못 아니냐고 주장했다. 내친김에, 행정행위를 실제에 기초해서 해야지 잘못된 공부를 기준으로 하면 그것을 올바른 행정이라 할 수 있느냐고 한 발 더 나갔다.

내 얘기를 다 듣고 난 그 감사관의 놀란 표정을 지금도 기억할 수 있을 것 같다. 도저히 법을 집행하는 공무원의 입에서 나올 수 없는 말을 들은 것이리라. 요즘 식으로 말하면 피감 공무원이 또라이나 사차원 행동을 한 것인데, 얼마나 기가 막혔겠는가! 한참을 침묵하더니, 거의 어린애를 달래는 수준으로 살살 조심조심 설명을 시작했다. 그 땅들이 실제로 대지임에 틀림없다고 하더라도 지목 정정 신청 등 정당한 절차를 거쳐 대지로 바꾼 다음 건축허가를 하는 것이 맞지 않느냐는 얘기였다. 다 알고 있고 이미 허가 전에 다 시도해 본 일이었다. 산림과에서 결코 직권 정정에 동의할 수 없다고 했고, 형식적인 절차를 다 거쳐서 지목을 변경하려면 도저히 제때에 사업을 진행할 수가 없어서, 일단 일을 진행하고 사후에 지목을 변경하는 걸로 결정한 것이었다. 나는 잘못된 공부는 잘못 기재한 행정 기관이 직권 정정하는 것이 옳지, 왜 죄 없는 농민이 복잡한 행정 절차를 감수해야 하느냐고 흥분해서 대들었다. 내 소리가 다소 컸던지 감사장 전체가 놀라서 우리를 보고 있는 것 같았다. 당시에는 상급 기관의 감사를 받으며 피감 공무원이 감사관에게 따지거나 대드는 일이 현실적으로 불가능했을 테니, 비상한 사태가 벌어지고 있었던 셈이었다.

감사는 더 이상 진행되지 않았다. 계장이 불려 가서 나라는 사람의 캐릭터에 대한 장황한 설명과 함께 진지한 사과를 했고, 내가 왜 일을 그렇게 처리했는지도 자세히 설명했다. 경위서나 확인서 같은 것은 쓰지 않은 채, 그날은 그걸로 끝났다. 계장이나 과장으로부터 아무런 질책도 없었다. 마지막 날, 그 감사관은 수십 년간 감사를 하면서 나처럼 따지듯이 주장하는 사람은 처음 봤다며, 자기도 내 말을 원칙적으로는 옳다고 생각한다고 했다. 하지만 다른 사람이었으면 파면 같은 중징계를 받을 수도 있는 사안이니, 앞으로는 행정 절차와 관행을 무시하면서까지 그렇게 위험한 방식으로 일하지 않기를 바란다며 악수를 청했다. 나도 무례해서 죄송하게 됐다고 사과했다.

감사는 우여곡절 끝에 무사히 넘어갔지만, 생각이 많았다. '만약 내가 일을 하는 과정에서 조금이라도 사심이 있었거나, 누구에게 십 원 한 장이라도 받았다면, 그렇게 당당하게 내 주장을 펼칠 수 있었을까?' 그 감사관의 말대로, 다른 사람이 공부에 임야로 기재된 땅에 건축허가를 내줬다면, 과연 어떤 이유로든 의심받지 않고 넘어갈 수 있었을까?

세월이 많이 흐른 2008년에 호적제도가 폐지되고 가족관계등록제도가 신설되면서, 가족관계등록부를 새로이 작성하는 과정에서 수많은 누락과 오기가 발생했다. 내 가족관계등록부도 그중 하나였다. 나는 잘못 기재된 내용을 정정하기 위해 구청 민원실을 방문했다. 당시 직원과 주고받은 대화는 대략 아래와 같다.

나 : 제 가족관계등록부가 잘못된 것 같은데요.
직원 : 일단 정정 신청을 하세요, 심사해서 잘못된 게 확인되면 정정하게 됩니다.
나 : 얼마나 걸릴까요?
직원 : 정확히는 말씀드릴 수 없고요. 한두 달 걸리겠죠.
나 : 잘못된 걸 확인하는 게 그렇게 복잡한가요? 난 당장 등록부가 필요한데요.
직원 : 정해진 절차에 따라 처리됩니다.
나 : 직권 정정할 사안 아닌가요?
직원 : 규정상 정정 신청을 하게 돼 있습니다.
나 : 잘못이 있으면 잘못한 쪽에서 고쳐야지, 왜 아무 잘못도 없는 내가 그 복잡한 수고를 감당해야 합니까? 이것 때문에 여기 온 것도 나로서는 상당한 시간을 빼앗긴 건데. 여

기 호적등본과 가족관계등록부를 보세요. 잘못 옮긴 게 확실하잖아요.

직원 : 규정이 그렇습니다. 다른 방법은 없습니다.

나 : 민원실장을 만나게 해 주세요. 그런 다음에 정식으로 이의를 제기하든지, 정정 신청을 하든지 할게요.

그 직원은 잠시 자리를 비웠다가 돌아오더니 직권 정정을 하겠다고 했다. 몹시 화나 있었고, 별 이상한 사람도 다 봤다는 표정이었다. 그 당시 전국에서 수많은 국민들이 가족관계등록부 정정 신청을 했을 것이다. 간단히 호적부와 대조해서 오류를 수정하면 끝날 일을.

나의 겁 없던 공무원 생활은 겨우 2년으로 끝났다. 초심을 완벽하게 지키지는 못했다. 더러는 타협해야 했고, 더러는 관행을 핑계로 모른 척했고, 더러는 피하기도 했지만, 당당하지 못하면 초심을 지킬 수 없다는, 당당함은 성실과 정직에서 나온다는 교훈을 짧은 기간 공무원을 하면서 체득할 수 있었다. 초심 지키기는 지금도 계속되고 있다.

2부

己所不欲 勿施於人
기소불욕 물시어인

자기가 하고 싶지 않은 일은
남에게도 시키지 마라

『논어』 안연편 2장

친일의 후예

나는 친일파의 자식이다. 너무나 뻔한 사실을 얼마 전까지만 해도 전혀 몰랐다. 어릴 때부터 조선의 멸망과 일제 치하 36년의 역사와 매국노·친일파에 대해 수없이 듣고 읽었지만, 돌아가신 내 아버지가 친일행위자였다는 사실은 상상조차 한 적이 없었다. 그런데 이제는, 그 사실이 너무나 엄연하여 부인할 엄두를 못 내게 됐다.

이런 사실은 최근 몇 년 동안 미디어와 신문·책 등을 통해 듣고 읽은 내용들을 종합하여 나 혼자 내린 결론이고, 현재까지 아무도 아버지가 친일파라고 말하거나 문제 삼은 적도 없고, 아버지가 살아생전에 스스로 당신이 친일행위를 했다고 말한 적도 없으며, 내 지인 중 그 누구도 나를 친일파의 자식이라고 농담으로라도 말하는 것을 들은 적이 없다.

아버지는 비록 친일반민족행위자의 명단이나 친일인명사전에 오르지 않았고 별다른 처벌이나 비난을 받지도 않았지만, 내가 스스로 아버지가 친일파였고, 또 친일행위를 자행했다고 판단한 이유는 간단하다. 아버지의 친일행위가 이루어진 장소가 국내가 아니어서 알려지지 않았고, 중요 인물도 아니었으며 아버지와 비슷한 친일행위자의 숫자가 너무 많아서 처벌이나 기록을 피할 수 있었을 뿐이지, 내가 이해하는 정의상의 친일행위자 범위에는 분명 포함되기 때문이다.

아버지는 삼일독립운동이 있은 다음 해에 경상도 어느 깡촌에서 태어나, 그곳에서 자랐다. 청년이 되자 아버지는 가난과 무지렁이의 삶을 벗어나기 위해 두메를 떠나 만주로 갔는데, 그때까지 그 마을에는 구식이든 신식이든 아이들을 가르칠 만한 지식을 가진 어른이 한 명도 없었고, 아버지가 소학교든 서당이든 제도 교육을 받았다는 얘기는 듣지 못했다.

아버지는 만주에서 대규모의 개발사업을 하던 일본인 회사의 토목기사로 일했다. 조선인으로 정사원은 아버지가 유일했고, 수많은 조선인 현장 노무자들을 관리 감독하는 지위에 있었다. 아버지는 술만 마시면, 당시에 당신이 얼마나 대단한 인물이었으며, 얼마나 대단한 역할을 했는지 거침없이 자랑했다. 어린 나는 그런 무용담을 들으며 아버지가 정말 대단한 사람이라고 생각했다. 무학(無學)의 아버지가 만주로 간 후 짧은 기간에 어떻게 일본말을 배웠으며, 토목기사(후일 독립 한국에서 정식으로 토목기사 자격증을 땄다)가 될 정도의 기술을 익혔는지는 들은 바가 없어서 지금도 미스터리다.

아버지는 만주에서 살 때의 일화를 말할 때마다, 일본인들의 청결과 근면과 예의 바름을 칭찬하고 조선인들에 대해서는 그 반대의 취지로 얘기했다. 아버지는 일본인들을 높이 평가하고 상대적으로 조선인들은 부정적인 시각으로 보았고, 이런 태도는 돌아가실 때까지 유지됐다. 아버지 살아생전에는 우리가 일본에 여러 면에서 뒤처져 있었기 때문이 아니었을까 추측되지만, 당신이 일본인 회사에서 일본인과 동등한 대우를 받는 신분이었던 것을 매우 자랑스럽게 생각했던 것은 내 기억에 분명하다.

아버지가, 일본인들이 조선인 노무자들을 학대하거나 착취했고 당신이 그런 짓의 하수인 노릇을 했다는 뉘앙스의 말을 한 적은 한 번도 없지만, 사실상 국가의 일을 하는 행정기관이나 마찬가지였던 일본인 회사에서 일본에 충성을 맹세하지 않거나 실제로 충성을 하지 않고는, 일본인과 동등한 신분과 지위에 있을 수 없었을 것이라는 점에서 아버지가 친일파였고 친일행위를 했다는 사실은 충분히 알 수 있다.

해방된 나라로 돌아온 아버지는 경찰이 됐고, 몇 해 지나지 않아 6.25 전쟁이 터졌다. 혈기 방장한 청년이었던 아버지는 해방 조국의 경찰이라는 자부심과 내 나라의 공산화를 막아야 한다는 단순한 신념으로 공산당에 동조하는 남한의 토착 세력들과 치열하게 싸웠다. 그들이 밤마다 횃불을 밝히고 마을을 휩쓸고 다니는 당시의 무섭고 힘든 상황을 어머니는 생생하게 우리 형제들에게 들려줬다. 결과적으로, 일제에 부역했던 아버지는 해방 조국에서는 좌익 세력과 싸웠으니 당신의 의사와 상관없이 행위 자체만으로 전형적인 친일행위자에 부합하는 사람이라 하지 않을 수 없다.

나는 해방 한참 후에 태어났지만, 돌이켜 보면 여러 면에서 일본을 가까이하면서 살아왔다. 일본에 여러 해 거주하면서 일본인들과 친하게 지냈고, 일본 사람들을 우호적으로 평가했으며, 지금도 일본 문화를 일상적으로 접하고 있다. 독도 영유권 문제나 위안부 등 민감한 한일 간의 문제가 불거질 때마다, 왜 일본 정부나 사람들이 그런 억지 주장을 계속하는지 나름 역지사지로 이해해 보려고 고의적으로 애쓰기도 했다. 나의 이러한 생활 방식이나 태도가 아버지의 영향인지, 내 성향 때문인지, 단지 일본에 살면서 물들어서인지는 구분이 안 된다.

나는 소싯적부터 서양 문물을 애호했다. 영어를 일찍부터 열심히 공부했고, 서양의 문사철을 탐독했다. 한때는 클래식, 팝송, 샹송 등 다양한 서구 음악에도 열광했다. 그 영향이었는지 대인관계나 일상생활에서의 생각이나 태도, 나아가 행동마저도 상당히 개인주의적이었다. 유교적 권위로 집안을 다스리고 자식들을 훈육한 아버지에 대한 반항심 때문이 아니었나 싶기도 하고, 독재정권 치하에서 숨 막힐 것 같은 청년기를 살았기 때문이 아니었나 싶기도 하다.

어쨌든 나는 우리나라와 사회의 거의 모든 것을 비판적 시각으로 보았다. 학업에 필요한 정도를 제외하고는, 우리와 동양의 것에 관해서는 관심도 없었고 시간을 들여 독서를 하거나 한 적이 거의 없었다. 따라서 학교도 제대로 다니지 못했고, 나중에 직장에 다닐 때도 조직문화에 적응하지 못해서 많은 시련을 겪었다. 결국에는 민주주의의 나라 미국으로 유학을 갔다.

40이 넘어 일본에 주재원으로 가게 됐다. 회사의 해외사무소가 여럿 있었는데 모두 미주·유럽에 있었고, 동양에는 도쿄가 유일했다. 당시는 영어 배우기가 급하고 제2 외국어에는 관심 둘 겨를이 없을 때여서, 사내에 일본어를 하는 사람이 없는 덕에 초급 일본어를 겨우 익힌 내가 선발됐다. 일본에서 아내와 함께 4년을 살았다.

미국에서는 학업을 따라가느라 강의실과 도서관, 집을 오가는 생활을 반복했고, 방학 중에도 다음 학기를 예습하느라 미국의 생활 문화를 접하거나 그곳 사람들과 어울릴 기회가 별로 없었는데, 일본에서의 삶은 달랐다. 보통의 일본 시민들과 거의 같은 나날을 살았다. 퇴근해서는 동료나 거래처 사람들과 선술집과 노래방에 가고, 일찍 집에 가는 날은 맥주 마시며 TV 보고, 주말에는 여행을 가거나 공원을 산책하거나 하고, 틈틈이 일본 소설을 읽고 영화를 보고.

얼핏 한국에서의 일상과 별반 차이가 없었지만, 중요한 것은 내가 살기는 일본이 한국보다 훨씬 좋았다고 느꼈다는 것이다. 당시의 일본 사람들이 예의 바르고 공중 질서를 잘 지키는 것, 함부로 남의 일에 참견하지 않는 것, 운전 중 좌우회전을 하지 않으면 차선을 바꾸지 않는 것 등등. 솔직하게 말한다면 요즘도 나는, 한일 과거사에도 불구하고 일본 사람이 그다지 미워지거나 일본의 것들이 별달리 싫어지거나 하지 않는다. 여전히 우리 소설보다 일본 소설을 더 많이 읽고, 영화도 일본 영화를 더 자주 본다. 심지어는 우리 트로트 가요보다 엔카를 더 많이 알고 더 자주 듣는다.

나는 아버지가 친일행위자였고 나도 일본을 가깝게 느끼며 살았다는 사실 자체는 조건 없이 인정하지만, 이 사실에 특별한 죄의식은 없는 것 같다. 아버지가 당신의 친일행위를 인정하거나 반성하는 것은, 살아계신다면 아버지의 몫이고 아버지가 결정할 문제이다.

  우리는 지금 지구촌에 살고 있다. 친일과 친중, 친미와 친러 등 다양한 사회문화적 백그라운드와 국제적 지향의 사람들이 서로 이해하고 용인하며 이 나라에서 어울려 지내야 우리가 이 시대를 제대로 사는 거 아닐까?

충격

누구나 살면서 자신과 직접적으로는 상관없는 일이나 사건으로 크게 놀라기도 하고, 주변 사람들의 우연한 말 한마디가 평생의 상처나 교훈이 되기도 한다. 살다 보면 별의별 일이 다 일어나고 우리네 인생에 영향을 준다는 거다. 그런데 내게는 그럴 만한 일이 별로 없었다. 철들고부터는 세상사에 달관한 듯이 살려고 고의적으로 애쓴 덕에 웬만한 일은 그러려니 하면서 지나쳤다.

그런 내게도 30년 가까이 틈만 나면 되새김질되는 충격적(shocking)인 일이 하나 있었다. 어쩌면 누구에게나 있을 수 있는 일이고 남들에겐 대단치 않은 에피소드였을지 모르나, 내겐 정말 잊지 못할 사건이었다. 그 사건은 이후 내 생각과 태도에 지속적인 영향을 미쳤고, 내 가치관의 강력한 기준의 하나로 평생 작동했던 것 같다.

마흔이 넘어 미국으로 유학을 갔다. 회사의 민영화와 국제화를 대비한 인재 양성 프로그램에 선발됐다. 내가 입학한 대학의 경영학석사(MBA) 과정은 학부에서 경영학을 전공하지 않은 학생들에게 경영학 기초 과목을 미리 이수하도록 요구했는데, 나는 법학과에서 수강한 유사 과목은 면제받고 8과목을 선수 과목으로 지정받았다.

두 학기는 학부 학생들과 함께 공부하고 시험을 쳐야 하는 거였다. 사실상 대학원 과정보다 학부 클래스가 동양계 학생들에게는 더 힘들 수 있었다. 학부 경영학과 학생이 거의 2천 명이나 돼서 매 교실마다 이삼백 명은 보통이었고, 시험은 모두 객관식이라 영어가 모자라는 동양계 학생들은 거의 절반이 탈락한다는 얘기가 들렸다.

사건은 첫 학기 '마케팅원론' 중간시험 때에 일어났다. 매 수업 시작 전에 치르는 쪽지 시험(quiz) 외에는 최초로 치르는 정식 시험이었다. 큰 강의실에 3백여 명의 학생들이 들어왔고, 시험 감독은 담당 교수 한 사람뿐이었다. 혼자서 그 많은 학생들의 커닝을 감시하는 것은 거의 불가능했을 테니, 그냥 임석하는 정도였을 것이다. 시험을 마칠 때까지 교수는 팔짱을 끼고서 그냥 한자리에 계속 서 있었다.

120분에 오지선다형 50문제를 풀어야 했다. 처음에는 왜 이리 시험 시간이 길까 의아했다. 여태까지 우리나라에서 친 시험은 대개가 문제당 1분 또는 그 이하의 시간이 주어졌는데, 미국이란 나라는 참 후하구나 하는 느낌이었다. 그런데 그게 아니었다. 지문이 길고, 단순히 답할 수 있는 문제는 하나도 없었다. 영어 문장을 정확히 빨리 읽는 것도 쉽지 않은 일이었지만 문제마다 관련 이론을 곰곰이 따져야 되는 거였다.

일단 문제를 다 풀고 나서 시계를 보니 60분 정도가 지나 있었다. 잠시 숨을 돌리고 주위를 둘러보니 강의실에 남아있는 학생들은 몇 없었다. 잠깐 '뭐야, 이거' 했지만 바로 정답 확인 점검에 들어갔다. 나는 그때까지 별별 수많은 시험을 쳤지만 단 한 번도 시험 시간이 종료되기 전에 시험장을 나가 본 적이 없었다. 나는 그것이 시험에 대한 예의라고 생각했다. 시험이 아니라도 무엇이든 좋은 결과를 내기 위해서는 주어진 자원을 최대한 활용하는 것이 기본이고, 시험이라면 판단의 오류와 실수를 철저히 확인하는 것은 수험 전략상 지극히 당연한 일이었다.

다시 고개를 들고 시간을 확인하니 아직 시험 종료 시간까지는 20여 분이 남아 있었고, 강의실에는 나와 교수뿐이었다. 잠시 갈등했다. 더 이상 문제지를 들여다봐야 고칠 만한 것이 나올 것 같지 않았고, 기다리는 교수에게 미안한 생각도 들었다. 멀리서 표정이 보이지는 않았지만 동양 녀석 하나 때문에 불편해하는 교수의 심정이 느껴졌다. '그래도 이건 아니지, 나랏돈으로 공부하러 와서 최선을 다해야지!' 마지막 시간까지 문제와 답을 계속 확인했다.

시험 종료가 선언돼서 답안지를 엎어 놓고 나가려다 뭔가 미진한 듯해서 막 시험지를 걷기 시작한 교수에게로 향했다. '왜 그동안 시험지를 걷지 않고 내가 끝나기를 기다리고 있었을까? 두 시간을 서 있었으니 다리도 아프고 무척 지루했을 텐데.' 교수에게 걸어가는 동안의 짧은 시간에 여러 생각들이 스쳐 갔다. 교수는 시험지 수집을 잠시 멈추고 의아한 듯 나를 쳐다봤다. 왜 안 나가고 자기에게 오느냐는 낯선 표정이었다.

나는 무언가 미안해함을 표현해야 할 것 같았다.

"교수님 시험을 늦게까지 봐서 죄송합니다. 저 때문에 오래 기다리셨는데 시험지 걷는 걸 도와드리겠습니다."

"아니, 그럴 필요 전혀 없어."

언짢을 정도로 퉁명스럽게 들렸다. '도와주겠다는데 거절을 하려면 매너가 있어야지, 이게 뭐야. 화가 많이 나긴 났구나. 에라! 내가 알 게 뭐야, 네가 나를 아는 것도 아니고. 그래 난 간다. 혼자 애써라.' 돌아서 가려는데, 교수가 뒤통수에 대고 나지막하게 읊었다. "이건 내 일이야. 돈 받고 하는 일이지. 네 일은 공부하는 거고, 시험 시간을 다 쓴 건 네 권리야. 미안해할 필요 없어. 오늘 시험 치느라 힘들었겠다. 빨리 가서 맥주나 마시고 쉬어라."

당황했다. 놀라웠다. 그의 입에서 그런 소리가 나오다니! 그 교수는 학생들 사이에서 평판이 좋지 않았다. 내가 봐도 학문적 진지함이라든가 교육자로서의 열정은 거의 보이지 않았다. 수업 시간에서의 그의 모습은 그냥 적당히 시간 때우기로 보였다. 걸음걸이도 건들거렸고 말도 별 조리가 없었으며, 강의의 상당 부분이 시시한 잡담이었다. 나이는 60이 훨씬 넘어 보이는데 교수 프로필에는 조교수로 돼 있어서, 그의 말대로 그는 경영 현장에서 구르다가 실패해서 박사학위나 활용하자는 심사로 학교로 흘러 들어온 모양이었다.

그런 그가 내게, 거의 성인의 경지에 오른 사람들에게서나 아니면 셰익스피어의 희곡에나 나올 법한 말을 한 것이다. 많은 위인들의 삶과 어록들을 알고 있었고 훌륭한 경구나 문장들을 읽었지만, 살면서 그런 수준의 현실적으로 의미심장한 말을 직접 들은 적은 없었다.

그날, 밤이 깊도록 맥주는 많이 마셨지만 쉬지는 못했다. 번민했다. 그가 한 말의 진정한 함의는 무엇일까, 단순히 우리와 서양의 인식과 문화 차이일까, 우리나라에서라면 그런 상황에서 어떤 일이 벌어졌을까, 왜 그는 시험지를 미리 걷지 않고 내가 끝나기를 기다렸을까, 그는 그냥 지나가듯 말했는데 나는 왜 이리 심각한가, 나는 과연 그 껄렁한 교수만큼이라도 공정하고 정의로우며 남을 배려하면서 살아왔고 살아갈 수 있을까 등등의 질문과 대답이 꼬리에 꼬리를 물었다.

하노이 방담(放談)

하노이의 유일한 오성급이라는 대우호텔에서 여장을 풀기 전까지 나는 이 여행에 대해 별다른 생각을 하지 않고 있었다. 베트남에 대해 아는 것이 별로 없었다. 알려고 애쓴 적이 없으니 모르는 것은 당연했고, 앞으로도 무슨 인연이 생길 것 같지도 않았다.

사실 이 여행은 전혀 내 스타일이 아니었다. 나는 관광이나 구경을 그리 좋아하지 않았고, 내가 여행을 하거나 알고 싶은 나라도 아니었으며, 회사의 임원급 10여 명이 함께 가는(시장조사라는 구실을 붙인) 위로 출장이었다. 놀자판이 벌어질 것은 뻔히 예상됐다. 나는 떼로 몰려다니는 걸 몹시 싫어하기에 단체 여행은 처음이었고, 그 후 지금까지 국내든 국외든 단체 여행을 한 적이 없다.

앞으로 사흘 밤낮을 끌려다니며 같이 어울릴 생각을 하니 머리가 지끈지끈했다. 돌파구를 찾아야 했다. '내 돈은 아니지만 큰돈 들여 여기까지 왔는데 기본은 건져야지!' 머릿속에선 이미 베트남에 대해 내가 알고 있는 모든 정보와 궁금증과 호기심을 검색하여 정리하기 시작했다.

베트남은 큰형이 참전(비록 PX병이었지만)한 나라이지만 형으로부터 베트남에 관해 들은 것은 없었다. 베트남의 역사에 대해 따로 읽은 것도 없었다. 우리와 같은 한자문화권으로 오랜 기간 중국의 지배나 영향을 받았고, 근현대에는 프랑스의 식민지였으며, 2차 대전 말기에 일본의 지배를 수 년간 받았고, 미국과 중국을 상대로 전쟁을 하여 승리한 나라, 그래서인지 민족적 자존심이 유별나게 강한 나라라는 정도가 내가 알고 있는 지식의 전부였다. 그러고 보니 역사적으로 우리와 비슷한 면이 상당하다는 느낌이 얼핏 들었다.

미국과의 전쟁을 끝낸 지 30년 가까이 지났는데, 이 나라와 이 나라 사람들은 곁다리로 참전한 우리나라와 우리나라 사람들에 대해 어떻게 생각하고 있을까가 우선 궁금했다. 이 나라 사람들 입장에서는 한국군이 당연히 미군과 같은 적군이었을 테니, 겨우 한 세대가 지났을 뿐인데 원한이나 복수심이 없을 수 없다는 생각에서였다. 다음으로는 전쟁의 상흔에서 벗어나 신흥개도국으로 일어서고 있는 그들이 사는 실제 모습은 어떨까 하는 것이었다. 편린이나마 내 눈으로 직접 확인하고 싶었다.

이틀은 일행과 함께 낮에는 골프 치고 관광 다니고, 밤에는 술을 마셨다. 다들 경쟁과 실적에 허덕이다 풀어진 몸과 마음을 위로하기에 여념이 없었다. 마지막 날 하루는 그 유명한 하롱베이를 가기로 예정되어 있었다. 나는 몸 컨디션이 좋지 않다는 핑계로, 쉬면서 가까운 백화점이나 시장을 둘러보겠다고 양해를 구했다.

현지 가이드에게는 기사 딸린 차량과 관광안내원 대신 영어를 잘하는 역사나 사회계열 전공 대학원생을 구해 줄 것을 요청해 뒀다. 일정은 그 학생과 만나서 직접 상의하겠다고 했다. 하루 동안 베트남의 젊은 지성인과 긴 대화를 할 생각에 설렘과 함께 유익한 하루에 대한 기대가 생겼다.

아침 10시에 로비에서 만난 안내원은 우리나라 초등학생만 한 덩치의 가녀려 보이는 아가씨였다. 하노이대학교 영어과 4학년이라고 자기를 소개했다. 사회계열 대학원생이 아니라 약간 저어했지만, 굳이 문제 삼을 일은 아니어서 하노이대학교부터 가자고 했다. 가면서 시장과 백화점, 교외 도자기 시장, 마지막으로 카오다이 사원을 가기로 정했다.

하노이대학교는 초라했다. 대부분의 강의실과 연구동이 2층짜리 시멘트 블록으로 되어 있었다. 하노이 유일의 골프장 샤워 시설이 비닐 칸막이로 되어 있는 것이나 마찬가지로 이 나라는, 눈에 보이는 바로는, 우리나라의 60년대 수준이었다. 내가 적잖

이 실망하는 표정을 읽었는지, 모교에 대한 자부심이었는지, 이 학교는 세계 100대 대학에 들어가는 명문이라면서 베트남은 대학에 다니면 군대에 안 가도 된다고 자랑했다. 내가 그게 말이 되느냐고 하자, 지도자들이 나라의 미래를 위해 그렇게 정했고 전쟁 중에도 시행됐으며, 빨리 발전하려면 당연히 그래야 되는 거 아니냐며 반문했다. 평소 한 나라의 경쟁력은 대학 수준이라고 생각해 온 나는 속으로 어지간히 놀랐다(당시 서울대도 100위 권 밖). 마침 방학 중이라 아무도 없었고 블록 건물 외에는 더 이상 볼 것이 없었다.

다음에 간 백화점은 한산했다. 진열된 물건들은 그리 좋아 보이지 않았고 다양하지도 않았다. 오히려 시장은 활기차고 우리네 골목 시장이나 시골 오일장과 별반 다르지 않았다. 과일 등 먹을 것이 쌓였고 값도 싸서, 비싸서 함부로 사 먹지도 못하는 우리보다 더 잘 먹고 산다는 느낌이 들 정도였다.

시장을 벗어나 큰 호숫가의 노천카페에서 간단한 양식을 먹으면서 많은 것을 물었다. 대학원생은 아니지만 그래도 명문대 4학년이니 나름 내가 묻는 정도는 소화할 걸로 생각했다. 그녀의 대답의 요지는 간명했다. 자기는 전쟁 후 세대이고 역사에 대해 깊이 생각해 본 적이 없지만, 지나간 일을 잊지 않는 것과 현재와 미래를 생각하며 살아가는 것은 다른 문제라는 것이었다.

내가 미국에서 학교를 다녔고 일본에 장기간 체류했다는 서두에 이은, "미국이 밉지 않느냐?", "함께 참전한 한국은 어떠냐?" 등의 질문에 그녀는 담담한 표정으로, "No problem"을 거듭했다. 이제 미국이나 일본, 한국은 더 이상 자기들에게 위협이 되는 나라가 아니며, 자기 나라가 발전하려면 협력해야 할 상대라는 것이었다.

미국이든 일본이든 한국이든 전쟁통에 베트남 사람들에게 몹쓸 짓을 많이 했을 텐데, 그런 건 어떠냐는 노골적 물음에는 다소 곤란한 표정으로, 일본의 수탈과 미군의 양민 학살 등의 반인륜적 범죄는 학교에서 배워서 잘 알고 있고 잊지 않으려 하지만, 현시점에서 문제를 제기해 얻을 것이 무어냐며 오히려 반문했다. 나는 좀 씁쓸하고 기운이 빠졌다. 그런 질문을 하는 내가 바보처럼 느껴졌다. 너희 나라 사람들 특히 젊은 사람들은 다 너처럼 생각하느냐는 확인에 그녀는 대체로 비슷할 거라고 믿는다고 했다. 순간 나는, 민족적 자존심이 강하다는 것을 배타심이 강하다는 걸로 오해했구나 하는 생각이 들었다. 맥주 한 잔씩과 커피까지 두 시간가량이 금방 갔다.

도자기 시장을 대충 둘러보고 서둘러 토속신앙이라는 카오다이 사원을 향했다. 베트남에 도착해서 들은 얘기 중에 가장 흥미로운 것이 카오다이교였다. 들은 얘기만으로 종합하면 내 상식으로는 완전히 사이비 종교인데 신자 수가 수백만이라니! 사원은 외양부터가 요란했다. 동서양 모든 양식이 혼합된 듯한 건축물에 울긋불긋한 디자인의 채색 등 어지러웠다. 내부에 들어서니 전면 벽 중앙에 큰 외눈깔이 하나 있었는데 부처의 눈이라 했다.

사원을 나오면서 아하! 하고 머리를 치는 게 있었다. '그 수많은 외침과 수난에도 불구하고, 베트남 사람들이 긍정적으로 살아갈 수 있는 것은 바로 이런 융합과 포용의 정신과 문화가 있기 때문이구나!' 카오다이교는 백 년쯤 전에 세워진 신흥종교로 세계 5대 종교인 유교, 불교, 도교, 기독교, 이슬람교의 교리가 융합된 종교라고 했다. 5대 종교의 창시자 모두를 성인으로 숭상하고, 소크라테스와 아인슈타인과 톨스토이 심지어는 맥아더도 위인으로 모신단다. 신자가 수백만이라면 그중엔 상당한 지성인들과 과학자들도 있을 것이고, 교리의 체계도 정교하고 튼튼할 텐데, 내가 함부로 사이비 종교라고 폄하하는 것은 독단일 수 있다는 생각이 들었다.

하루의 일정을 끝내면서 많은 생각이 교차했다. 세상을 50년 넘게 살았고, 여러 나라를 여행하거나 살아 본 사람이, 여전히 생각하는 수준은 우물 안 개구리라니!

2002년의 베트남은 내게 그런 나라였다. 사회주의와 시장경제가 섞인 나라, 과거의 적국을 포함하여 대외적으로는 개방되어 있고, 동서양 문화가 융합된 나라. 그래도 슬며시 의문이 들었다. '속으로는 여전히 미국, 한국, 일본을 원수로 여기고 있지 않을까?' 2021년, 베트남에 대해 훨씬 더 많은 것을 알고 있는 지금도, 여전히 그런 의문이 조금은 남아 있다.

노병의 분노

서해 바다에서 사람이 총을 맞아 죽었고 그 시신은 불태워져 흔적이 없어졌다. 사실상 적대 국가(정권)인 북한의 군인들에 의해. 다들 안타까움과 분노 속에 나라의 대응을 지켜보고 있는데, 백성의 목숨을 지키는 것을 제1 임무로 하는 대통령은 묵묵부답, 관련 부처들은 북한의 대변인 같은 말만 앵무새처럼 계속한다. '이걸 어쩐다!' 탄식과 함께 화가 치밀어 삭이기가 쉽지 않다. 부처님 가르침을 따라 화를 안 내려고 무진 애를 쓰며 살았는데 공염불이 되고 만 느낌이다. 거의 반세기 전, 군복무 때에도 지금처럼 북한의 극악한 만행 때문에 치를 떤 적이 있었다.

초등학교 2학년 때 '나는 공산당이 싫어요' 사건이 터졌고, 쭉 반공 교육을 받고 자랐다. 그래도 철이 좀 들고 군대 갈 무렵에는, '남북문제나 북한에 대해 좀 냉정히 역지사지하자' 하는 정도로 발전했다. 이후 북한에 대해 결정적으로 신념(고정관념)이 형성된 건 '8.18 도끼 만행 사건'이었다. 그날은 내가 제대 특명을 전해 들은 날이어서 몇 시간 사이에 희열과 좌절과 분노가 교차한, 태어난 이후 처음으로 겪는 극적인 사건이었다.

1976년 8월 18일 오후였다. 사단 정훈부에 파견 나가 있던 부대 후임병(내 군번과 입대일을 외우고 있었다)이 몇 단계의 수동 교환을 거쳐 내가 근무하던 전방 OP(포병관측소)까지 전화를 해서, 내가 5주 후에 제대를 하게 됐다는 소식을 들은 축하 말과 함께 전해 왔다. '드디어 집에 간다.' 지난 33개월이 순식간에 스치고, 무사히 돌아간다는 안도로 눈물이 핑 돌면서 가슴 벅찬 기쁨이 솟구쳤다(당시는 군복무 동안 죽거나 다치거나, 영창을 가거나 탈영을 하는 병사들이 적지 않았다).

후임병들은 축하 회식을 준비한다며 산 아래 마을로 막걸리를 사러 내려가고, 그동안 아껴 두었던 부식들을 꺼내서 안주를 만드는 등 부산했다. 하루 일과가 끝나고 회식 상을 차리려던 초저녁 무렵이었는데, 갑자기 부대에서 비상이 걸렸다고 연락이 왔다. 당시 군에서 비상 발령은 흔한 일이라 처음에는 그러려니 했는데, 이후 사태는 급박하게 돌아갔고 우리는 전투태세를 갖추느라 정신없이 뛰었다. 평소 매미와 개구리 우는 소리만 빼면 적막하던 OP는 전쟁터로 변해 갔다. 그간 한 해에도 수십 차례 걸리던 그런 비상이 아니었다. 판문점 공동경비구역에서 시계 확보를 위해 미루나무 제거 작업을 하던 미군 장병들이 북한 군인들이 휘두른 도끼에 살해당한 끔찍한 사건이 벌어졌다는 거였다.

나는 처음에는 어이가 없었다. '왜 내가 제대를 하려는데 이런 일이 터지나, 33개월을 오직 제대할 날만 기다리며 버텼는데.' 허탈과 함께 화가 나서 누가 건드리기라도 하면 폭발할 것만 같았다. 하지만 그것은 잠깐, 냉정을 되찾자 사태의 엄중함과 위급함이 느껴졌다. '전쟁이 터지겠다. 자기 나라 젊은이들이 머나먼 타국 땅에서 적국 병사들에게 도끼로 무참히 살해됐는데, 가만 있을 군대가 어디 있겠는가!'

상황은 심각해져 갔다. L19 정찰기가 6.25 격전지였던 아이스크림 고지와 OP 머리 위를 온종일 선회하고, 전투태세를 갖춘 보병대대 지휘소가 OP 벙커에 차려졌다. 사실상 전쟁 상황이었다. 우리는 8월의 찌는 더위 속에 완전 무장을 한 상태에서 포대경과 쌍안경으로 적진을 노려보았고, 처음 며칠은 극도의 긴장과 경계 속에 땀에 전 옷을 입고 군화를 신은 채 자야 했다.

나는 마음속으로 수없이 '지금 나는 전쟁 중이다'를 되뇌며 평정을 유지하고 화를 이기려 애썼다. 2개 연대 섹터의 포병 화력은 사실상, 선임 사병인 내게 맡겨진 셈이었다(2명의 관측장교는 포병학교를 갓 졸업한 신임). '이건 역사다. 이건 운명이다. 내가 피해 갈 수 있는 일이 아니다. 오직 지금 이 자리에서 내가 할 수 있는 일에 전력을 다할 뿐.'

나는 염원했다. '김일성을 내가 죽이게 해 주세요. 북한 정권은 정상적인 사람의 집단이 아닙니다. 그 수괴를 내가 처치할 기회를 주십시오. 사람을 도끼로 쳐 죽이다니, 대명천지 문명사회에서 어찌 이런 일을 할 수 있습니까!' 그간 북한을 이해해 보려고 억지로 역지사지하려 했던 자신이 유치했다는 생각이 들었다. 해방 후 30년, 북한은 변한 게 없었다. 한겨레네 동포네 하면서도 수많은 도발을 계속해 왔고 애꿎은 목숨들이 스러져 갔다. 이번에 전쟁이 터지면 북한 정권은 영원히 지구상에서 없어지는 것이 정의라는 결론을 내렸다.

한 달 넘게 일촉즉발의 전투준비 상태로 지내다가, 사태가 어느 정도 안정되고, 결국 한 주 늦춰지긴 했지만 제대를 했다. 제대 당일에 산에서 내려와 전투복을 입은 채로 사단 본부에 가서 제대 신고를 하고, 의정부로 이동을 해서 중앙선 열차를 타고 고향인 안동으로 향했다. 지금 생각해도 당시의 긴장감에 온몸이 굳어지는 것 같다.

아직 무엇이 진실인지 모르겠다. 무엇을 숨기는지, 무엇을 의도하는지, 남북 정부는 모두 책임이 없고 고인이 월북을 하려 한 것이 사건 발단의 원인인 것처럼 부각되고 있다. 분명한 건, 비무장 민간인이 북한 군인이 쏜 총을 맞아 죽었고 시신이 불태

워졌으며 그 사이 국가는 아무것도 하지 않았다는 사실이다.

　난 이제 늙었다. 더 이상 내가 사는 사회를 위해 할 수 있는 것이 별로 없다. 한창때는 산업화 일꾼으로 죽자고 일했고, 세금도 나름 많이 냈다. 은퇴 후 천안함 폭침 때에는 만약 전쟁이 나고 내가 총을 들 수 없다면 보급품이라도 날라야겠다는 생각을 했다.

　화가 난다. 고인의 가족들이 오열하는 모습이 계속 떠오른다. 아무것도 할 수 없어 정말 화가 난다.

갑질에 대하여

갑질은 우리 주변에서 흔히 듣고 보고 누구나 겪는다. 아파트 경비원이 입주민이나 출입자에게 당하는 갑질, 백화점 점원이나 식당 종업원이 진상 손님으로부터 겪는 갑질, 직장 상사가 부하들에게 휘두르는 갑질 등이 대표적이지만, 그 태양은 천태만상이고 당하는 사람들의 스트레스나 고통도 구구절절하다. 스스로 생을 마감하는 사람까지 있다.

갑질은, 하는 사람에게는 이유 있는 조치로, 당하는 사람에게는 대응할 방법이 마땅치 않아서 적응해야 할 수밖에 없는 사회적 폐습으로 받아들여지고 있는 듯하다. 갑은 일을 제대로 하거나 정당한 대우를 받기 위해서 그 정도는 할 수 있다고 생각하고, 을은 먹고살자면 어쩔 수 없다는 구실로 견뎌 낸다. 이게 어제오늘 일인가, 문제 삼는다고 해결될 일인가. 인간이 짐승 수준에서 벗어나 사회 공동체를 형성하면서 자연스레 만들어진 인간관계 형식 중의 하나가 갑을 관계이므로, 사람이 나와 남을 분별하고 나는 너보다 낫다는 존재 의식에서 벗어나지 못하는 한,

갑질은 사라지지 않을 것이다.

사람 사이의 관계 중 상당 부분이 갑을 관계이고, 온전히 평등한 관계는 현실적으로 찾기가 거의 어려운데, 이는 특정 입장과 상황에서 각자가 가진 영향력이나 힘의 세기가 다르기 때문이다. 따라서 센 한쪽이 갑이고 약한 다른 한쪽은 을이 된다. 한 사람이 어느 때 어느 곳에 처하느냐에 따라 갑이 되고 을이 되며, 평소 처지가 어려운 사람도 갑이 되는 경우가 있고, 아무리 잘난 사람도 을이 되는 경우가 있다. 사람들은 하루에도 여러 차례 갑을의 입장을 번갈아 가며 산다. 거지가 식당 손님이 되는 상황과 각종 선거 후보자가 유권자를 대하는 태도를 생각해 보면 쉽게 이해가 될 것이다. 따라서 갑을 관계 자체는 구체적 상황을 보지 않고는 문제 삼을 일이 전혀 아니라고 할 수 있다.

누구나 입지에 따라 갑이 되고 을이 되는데, 구체적 사건으로 불거지면 그렇게도 비난과 처벌의 대상이 되는데, 왜 갑질이 버젓하게 횡행하고 줄어들거나 사라지지 않는 걸까? 이기적이고 자기중심적이며, 타인에 대한 공격성과 지배 욕구를 가지고 있는 인간 본성이 원인 아닐까? 아주 소수의 부처 수준의 사람을 제외하고는 내로남불이 누구에게나 자연스럽고 익숙하기 때문이 아닐까?

다행히도 우리가 일상에서 겪는 일회적이거나 사소한 갑질은 특별한 경우가 아니면 별 임팩트가 없다. 딱히 갑질이라 일컬을 만한 일이 발생할 정도까지 가지 않는 것이 보통이다. 심하다 해야 잠깐의 스트레스나 짜증을 유발하는, 매너나 예의상의 문제로 치부할 수 있을 것이다. 반면, 진짜 갑질은 주로 돈과 권력과 지위 등의 차이에 기반하여 단속적 또는 지속적으로 행해지기 때문에, 피할 수 없고 대응하기 어렵게 돼서 개인적 사회적으로 이슈가 되는 것이다.

왜 사람들은 너나없이 출세를 하려고, 즉 돈과 권력과 지위를 가지려고 야단들일까? 잘 먹고, 잘살고, 잘났다고 재 보려고? 자기의 뜻을 실현해 보려고? 물론 그렇기도 하겠지만, 자신도 잘 모를 수 있는 내재적 동기는 갑으로서 남들에 비해 우월한 입장에서 살고 싶은 욕구일 것이다. 따라서 갑의 행위로서의 갑질은, 갑의 입장에서는, 어쩌면 당연하고 자연스러운 것이며 보통 사람이 그 충동이나 유혹을 통제하기란 여간 어려운 일이 아닐 것이다.

갑질은 특정 불량 인간의 일탈이 아니다. 우리 모두가 갑질의 당사자일 수 있다. 그럴 일은 현실 세계에서 별로 가능하지 않겠지만, 만약 갑질을 못 한다면, 그렇게까지 애써서, 그렇게까지 안 할 짓 못 할 짓 해 가면서, 굳이 출세할 필요가 있겠는가. 갑질을 못 하게 되면 권력이든, 돈이든, 지위든 그 영향력과 힘은 상당 부분 훼손될 것이고, 오히려 그 무게를 지탱하는 것이 고통이 될 수도 있을 것이다. 철저히 감시당하고 함부로 사용할 수 없는 권력은 무거운 외투와 같을 것이며, 높은 지위는 보수 조금 더 받는 대신 책임은 커지고 처신만 어려워지며, 돈이 많아도 별 쓸모가 없을 것이다. 따라서 출세할 동기가 약해지거나 하려는 사람들이 많이 줄어들 것이다. 막말로 무슨 낙으로 악써서 출세하겠는가.

갑질이 엄연한 현실이고, 갑질로 고통받는 사람들이 있고, 갑질이 줄어들거나 없어지기를 바라면, 내 자신이 갑질의 피해자가 되기를 바라지 않으면, 논리상 당연히 을질도 있어야 하는데, 그런 용어도 없고 그런 현상을 논하는 일도 들어 본 적이 없다. 다만, 갑질을 예방하거나 그 피해를 구제해 보려는 장치로서 여러 관련 법규가 제정되어 있고 사회적 노력도 하고 있지만, 그로 인해 갑질이 줄었다는 징후나 얘기를 들은 적이 없다.

그래서 나는 을질, 을의 반란을 꿈꾼다. 갑을 관계는 없앨 수 없지만, 갑질이 무력화되어 그 시도 가능성이 말살되거나 현저히 줄어드는 경우나 상황을 보고 싶다. 우리가 사는 사회는 적어도 법적으로나 윤리적으로, 갑질은 나쁜 것이고, 비난받을 행위라고 인식한다. 그렇다면 을이 갑질을 하는 나쁜(못난) 놈에게 효과적으로 반격을 가한들 별다른 부당과 무리가 없을 것이다. 가해자 갑이 스스로 자제하거나 자기 검열을 해서 갑질이 개선되기를 바라는 것은 약자가 강자의 자비에만 의존해서 살아 보겠다는 나약하고 순진한 심사이다. 인류 역사를 보더라도 강자의 자제와 자비로 약자의 처지가 개선됐다는 흔적은 발견하기 어렵고, 오직 약자 스스로의 저항과 반란을 통해서만 상황의 개선이 가능했다는 것은 주지의 사실이다. 민주주의가 어떻게 발전해 왔는가를 조금만 되돌아보면 쉽게 알 수 있다.

누울 자리 보고 다리 뻗는다고 하지 않는가. 을이 효과적으로 반격을 가할 수 있고 갑이 그런 반격을 예상할 수 있으면 갑질은 움츠러들 것이다. 목마른 사람이 우물 판다고 하지 않는가. 을 자신 스스로가 아니면 누가 우물을 파 주겠는가. 갑질을 통제하려는 사회적 노력은 당연히 필요하지만, 궁극적으로는 을 각자의 절박한 대응만이 문제를 해결할 수 있을 것이다. 다만, 을이 웬만해서는 반란을 할 수 없는 사회적 환경과 다양한 사정들을 우리는 잘 알고 있다. 그래서 나는 을이 두려움이나 무력감을 극복하고 갑질에 대해 효과적으로 반격을 가하는 데 작은 격려가 되고자 내 자신이 행한 수많은 을질 사례 중 하나를 소개하는 걸로 이 글을 마무리하려 한다.

40년 전쯤 내가 서무계장 직위에 있을 때의 일이다. 당시 내 상사가 내 한 달 월급의 1/3 정도의 돈을 빌려 가서는 몇 달이 지나도록 갚지를 않았다. 고심 끝에 나는 그 돈을 상사의 월급에서 임의로 제하고 그 액수만큼이 부족한 월급봉투를 갖다줬는데, 아니나 다를까, 금방 난리가 났다. 당장 불려 들어간 나는 태연하게 빌려준 돈을 제한 거라고 설명을 했고, 그는 어이가 없다는 표정을 지으며 뭐라고 말을 하려는 듯했는데, 나는 그냥 나와 버렸다. 이후의 상황은 독자들의 상상에 맡긴다. 나는 다른 곳으로 전출될 때까지 6개월 가량을 꿋꿋이 버텼고, 그 상사가 나에게 해코지할 기회를 잡지 못하도록 성실하게 일했다.

일 년여 후에 그 상사도 다른 부서로 자리를 옮겼고, 우연히 그 밑에서 일하던 과장 한 사람과 업무 협의 후 저녁 식사를 하게 됐는데, 그 과장은 내가 그 상사의 과거 부하였다는 사실을 전혀 모르고 있었다. 그는 소주잔을 주고받으면서 자기 상사에 대한 뒷담화를 여럿 했는데, 그중 하나가 나에 관한 얘기였다. 요지는 다음과 같았다. 그 상사가 회사를 다니는 몇십 년 동안 데리고 있던 부하 중에 가장 싸가지 없는 놈이 나였고, 그 정도 돈도 스스로 알아서 적당히 만들지 못하는 요령 없는 놈이 나였다. 그날 나는 속으로 웃음을 참아 가면서 그 과장의 얘기에 신나게 리액션을 해 줬다. "그 사람이 싸가지 없는 게 맞네! 그렇게 융통성이 없어서 어떻게 험한 한세상을 살아갈까?"

폭력의 기억

#1

초등학교에 들어가기 전해의 일이다. 동네 형들이 학교 운동장에서 구슬치기를 하며 놀고 있던 나와 옆집 아이에게 싸움을 부추겼다. 결투를 시켜 둘 중 누가 이기나 보자는 거였다. 두 편으로 갈리어 "얘가 세네, 쟤가 세네" 하고 자기들끼리 키득거리며, 싸우고 나면 빵과 과자를 사 준다고 꼬드겼다. 그 아이와 나는 단지 빵과 과자에 홀려서 꼬드김에 넘어가고 말았다. 일단 싸움이 시작되자 처음에는 멈칫멈칫했으나 점차 맹렬해져 갔다. 치고받고, 엉켜서 넘어져 뒹굴고. 한참을 정신없이 버둥거렸는데, 막상 싸움이 험악해지자 형들도 겁이 났던지 뜯어말렸다.

우리 둘은 싸움에 진심이었던 것처럼 떨어져서도 한동안 씩씩거리며 서로를 노려보았다. 나는 얼굴이 긁혀서 화끈거렸고, 그 아이는 코피가 나고 입술이 터졌다. 잠시 후 어느 정도 진정이 되자, 코피를 확인한 그 아이는 와락 울면서 집으로 뛰어갔고, 나는 순간 멍해져서 내가 왜 이러고 있지 하는 기분이었다. 나이는 같았지만 덩치가 월등 컸고, 애어른이라는 소리를 자주 들을 만큼 조숙했던 나는 그 아이에게 무언가 몹쓸 짓을 한 것 같은 생각이 들었다. 일이 있은 후에도 그 아이와는 매일 어울려 놀았고 학교에 입학해서도 한 반이 됐지만 내내 마음이 불편했다. 그 아이는 2학년 여름방학 때 서울로 전학했고, 시간이 가면서 점차 그 아이도 그 일도 내 기억 저 아래에 묻혔다.

이 사건은 내 평생의 처음이자 마지막 싸움이었다. 어린 나이였고 얼떨결에 일어났고 오래지 않아 잊혀졌지만, 이후 살아가면서 두고두고 되새겨지는 부끄러운 일(형들의 꼬임에 넘어가 빵과 과자를 얻기 위해, 나보다 약한 아이를 상대로 폭력을 행사) 중 하나로 남아서, 내가 의식 무의식적으로 싸움이나 폭력(넓은 의미로 사람의 신체나 정신에 위해를 가하는 모든 행위)을 기피하거나 증오하게 되는 최초의 계기가 됐다.

2

원하던 중학교의 입학시험에 떨어진 나는 마지못해(또래 아이들보다 키가 목 하나는 더 큰데, 재수해서 한 살 적은 아이들과 한 학년이 되면 몹시 창피할 것 같아서) 시골의 후기 중학교에 들어갔다. 큰 도시의 명문 중학교로 진학하여 답답한 집과 무료한 시골을 떠나려 했던 사춘기 소년은, 인생 최초의 어쩌면 인생 최대의 치명적인 실패를 겪은 셈이어서, 좌절했고 의기소침해져서, 학교생활에 흥미가 없었고 아이들과도 잘 어울리지 못해 늘 외톨이로 지냈다. 학교는 그저 건성으로 오락가락했고 오로지 독서(사르트르, 카뮈 등 실존주의의 뜻도 모르면서 심취했다)와 공부에 매달리며 삼 년만 버티자 했다.

세상살이가 어디 뜻대로 되던가! 1년은 그런대로 별 탈 없이 보냈는데 2학년 올라가서는 학기 내내 교사들로부터의 폭언 폭력에 시달렸다. 학업성적이 우수한 범생이인 데다 체구가 큰 죄로 반장이 됐는데(당시는 반장을 담임 선생이 지명했다. 만약 반장 선거가 있었다면 나는 당연히 출마를 하지 않았을 것이고, 이후 내 인생은 크게 달라졌을지도 모른다), 이 일이 내 인생의 결정적 변곡점을 초래해서 중2 중퇴의 학력으로 오랜 기간 세상을 헤쳐 나가게 될 줄을 그때는 상상도 못 했다.

당시는 반장이라면, 선생들의 심부름을 하거나 잡무를 도와주기도 하고 반 아이들을 선생 대신 감시·통제하거나 동태를 보고하는 등, 선생의 꼬붕으로서 완장의 역할을 하는 것이 보통이었다. 따라서 반장들은 늘 교무실을 들락거렸고, 반 아이들에게는 선생을 뒷배로 하는 두려운 존재로 비쳤다. 나는 그런 역할을 이해하지 못했고(이해를 거부했다는 것이 정확할 수도), 그런 역할에 대한 기대에 부응할 의사가 없었다. 당연히 선생들의 눈밖에 났고, 천방지축 말썽꾸러기 아이들을 대표하여 욕먹고 매맞는 게 특별하거나 드문 일이 아닌 것처럼 돼 갔다.

안 그래도 다니기 싫은 학교라 겨우겨우 견디고 있었는데, 하루 이틀도 아니고 거의 매일 선생들로부터 부당한 대우를 받으며 살아야 하니, 조숙한 실존주의자 소년으로서는 감당하기가 몹시 어려웠지만, 지은 죄(형제 중 유일하게 입학시험에 떨어진)를 갚아야 한다는 생각으로 누구에게도 사정을 말하지 못한 채, 혼자 삭이는 수밖에는 달리 방법을 찾지 못했다.

학기가 시작된 지 얼마 되지 않은, 봄비가 추적이는 4월의 어느 날이었다. 담임 선생이 평소 냄새에 민감하여 점심시간 전에 아이들이 도시락을 먹지 못하도록 반장인 나에게 단속할 책임을 부여했는데, 나는 이 지시에 따를 생각이 전혀 없어서 그냥 모른 체해 버렸다. 먹을 것이 부족한 시절에, 한창 자랄 나이의 배고픈 아이들이 점심시간까지 도시락을 까먹지 않고 참는다는 게 쉬운 일이 아닐뿐더러 나에게 그럴 권한도 없다고 판단한 거였다. 이제나저제나 하며 매일매일을 불안 속에 보냈다. 내가 할 수 있는 일은 담임 선생의 수업 시간 전 노는 시간에 창문을 전부 열어 환기를 시키는 것이 다였다.

그날은 비 탓에 운동장 쪽 창문은 열지 못하고 복도 쪽 창문만 열어서 환기를 시켰는데, 담임 선생은 교실에 들어오자마자 짜증스러운 표정으로 코를 킁킁거리더니 도시락 까먹은 놈들 당장 나오라고, 안 나오면 전부 조사하겠다고 으름장을 놓으며 자수를 강요했다. 한참을 지나도 손 들고 나가는 아이들이 하나도 나오지 않자, 나에게 가방과 책상 안을 조사해서 범인들을 찾아내라고 윽박질렀다. 나는 당연히 거부했다(반항이었나?). 그건 옳은 일이 아니며, 반장으로서 아이들에게 해서는 안 될 일이라며 항변했다.

학생들에 대한 매질과 욕설이 일상이었고, 학생 누구도 교사에게 대드는 것이 불가능했던 시절에, 나는 담임 선생이 이성(?)을 잃고도 남을 짓을 겁 없이 당당하게 하고 만 것이었다. 그날 나는, 분노에 휩싸인, 거의 미친 그에게 쓰러질 정도로 맞았다. 엎드려서 엉덩이를 방망이로 맞으면서 나는 끝내 잘못했다는 말을 하지 않았다. 그냥 그를 증오했고 한편 불쌍해했다. 훈육의 매도 안 될 일인데, 광기의 폭력이라니! 지금 생각하니 당시는 학생들에 의한 학폭보다는 교사들로부터의 교폭이 더 문제였던 것 같다.

3

건장한 청년이었음에도 며칠을 앓다시피 했지만, 시골에서 영향력 있는 유지 중의 한 사람이었던 아버지가 알게 되면 사태가 어디로 비화할지를 가늠하기 어려워서, 가족들이 눈치채지 못하도록 숨죽여 지냈다. 불운은 꼬리를 이어 오는가, 그다음 주였다. 성질 더럽기로 소문난 체육 선생은 수업 시작 전에(그가 운동장으로 나오기 전에) 반장의 책임 아래 반 전체가 국민체조를 끝내고 그를 기다리도록 요구했는데, 그날따라 반 아이들이 제때 모이지를 않아 그가 우리 앞에 도착했을 때도 아직 우리는 체조를 하고 있었다.

전에도 가끔 있는 일이라 욕이나 좀 먹고 끝나려나 했는데, 웬걸, 아예 버르장머리를 고쳐 놓겠다며 반 아이들을 엎드려뻗치게 하고 나를 앞으로 불러내더니, 갑자기 그날 수업에 쓰려고 준비해 둔 투창을 휘둘렀다. 나는 얼떨결에 피하지도 못하고 외마디 비명을 지르며 쓰러져 버렸다. 정신을 수습해서 일어나 보니 엉치가 좀 삐걱거리는 것 같았는데 걸을 수는 있어서, 말없이 그를 노려보고 나서 그냥 학교를 나가 버렸다. 하교 시간이 아니라 집으로 갈 수도 없고 해서 두어 시간을 낙동강 둔치에 앉아 있었다.

이놈의 세상이 어떻게 되려고 소위 선생이라는 작자들이 이 모양인가, 화가 난다기보다는 기가 막히고 어이가 없었다. 아무리 따져 봐도 내가 잘못했다는 생각은 들지 않았다. 이렇게 살고 있는 나의 무기력이 싫었고 자존심이 상했다. 이제 어떻게 해야 하나, 뭔가 스스로 돌파구를 열지 않고는 견딜 수 없을 것 같았다. 이 학교를 졸업하는 것은 내가 선택할 수 있는 일이 아니라는 점만은 확실해 보였다.

이후로도 교실 내외 청소가 잘못됐다, 칠판 지우개를 안 털었다, 수업 시간에 떠들었다 등등 얻어터지고 욕먹을 일은 가지가지 너무나 많았다. 다른 반도 다 마찬가지일 텐데, 왜 다른 반 반장들은 괜찮은지 참으로 궁금했다. 내 눈에는, 그들과 내가 다른 점은 교무실에 들락거리지 않는 것과 선생들에게 알랑거리지 않는다는 사실뿐이었다. 힘 있는 자에게 빌붙고 굽실거리는 것은 사내로서 할 짓이 아니라고 굳게 믿고 있던 소신파 소년으로서는 도저히 할 수 없는 일이었다. 학교를 떠날 때까지 그냥 계속 그렇게 당하고 사는 수밖에. 그해 겨울방학 때 나는 가출을 감행했고 결국 실패로 끝났지만, 학교로는 돌아가지 않았다. 중2 중퇴 소년의 고달프고 외로운 방랑이 시작된 것이었다.

4

한탄강 너머, 철책선에서 불과 수 킬로밖에 떨어지지 않은 전방 포병대대의 본부포대 행정반에 배속된 나의 신병 시절은, 그야말로 쉬하고 뭐 볼 시간도 없는 나날의 계속이었다. 행정반 일 배우랴, 제대 말년의 병장 넷 뒷바라지하랴, 포대장과 선임하사 따까리 하랴, 행정반 선임병들이 모두 제대하고 조수를 받을 때까지 몇 달은 기상부터 취침까지 정신없이 돌고 돌았다. 말년 병장 둘이서 나누어 하던 서무와 작전 업무를 이등병 조수 혼자서 하던 터라 저녁 점호가 끝날 때까지 행정반에서 벗어날 수가 없었다. 너무 바쁘고 몸은 고달팠지만, 대신에 내무생활에서 사실상 열외가 돼 고참들로부터 괴롭힘을 당하는 일은 거의 없었다.

다른 병사들은 사정이 전혀 달랐다. 일과를 마치고 내무반 막사로 돌아오면 그때부터 진짜 군 생활이 기다리고 있었다. 선임병들의 폭력과 학대 행위가 거의 일상이었다. 별일 없이 취침하는 날은 자다가 무슨 일이 터지지나 않을까 하고 불안해할 정도였다. 나는 행정반 양쪽에 이어진 내무반 막사에서 들려오는 빠따 치는 소리와 비명, 기합받느라 침상을 구르는 소리를 들으면서 일에 몰두하려 안간힘을 썼다.

나는 직접 폭력과 학대를 당하는 것보다 그런 상황을 비켜 가는 것이 한편으로는 다행이라 여기면서도, 마음 한구석에서는 미안하고 답답하고 창피했다. 차라리 매일 몇 대씩 맞는 것이 후련할 것 같다는 생각이 들 때도 있었다. 정말 참기 어려웠던 것은 매일 옆에서 그런 부당한 짓을 보고도 내가 대응할 방법이 전혀 없다는 무력감이었다. 그 상황에서 내가 할 수 있는 것은 고작, 내가 고참이 되면 후배들을 괴롭히는 짓을 결코 하지 않으리라는 다짐뿐이었다.

　선임병들의 논리는 단순했다. 안 조지면 안 돌아간다는 거였다. 개인적으로 밉보이거나 미흡한 일이 있는 졸병을 따로 욕하고 매타작하는 것은 흔한 일이었고, 특별히 잘못한 일이 없어도 무슨 핑계라도 만들어서 주기적으로 단체 기합을 주고 빠따를 쳤다. 똑같이 그런 신참 시절을 거쳤음에도 자신들이 부당하게 겪은 일을 아무런 반성 없이 후배들에게 그대로 되돌려주는 그들이 너무나 한심하고 싫고 미웠다.

5

　전역을 10개월 남짓 앞두고 철책선 바로 앞 해발 298m 고지의 OP(포병관측소)로 올라가게 됐다. OP에는 ROTC 장교 2명과 사병 6명이 근무했는데 사병 중에는 내가 제일 선임이라서, 작전을 제외한 OP의 생활 전반에 관해서는 내가 감독자 역할을 하게 됐다.

　제대를 4개월 정도 남겨 둔 초여름 어느 날이었다. 일병 둘이 언성을 높여 가며 다투는 듯하더니 급기야는 주먹다짐까지 벌이고 말았다. 순식간에 벌어진 일이었다. 급하게 싸움을 중지시키고 부동자세를 취하게 한 후 자초지종을 들으니, 그날이 부대에 부식을 타러 가는 날이어서 서로 네가 가라고 미루다가 급기야 싸움으로 번진 것이었다. 평소에는 당번을 정하여 교대로 하던 일이었는데 그날은 날씨가 몹시 더워서인지 당번인 병사가 출발 시간을 한참 넘기면서 시비가 시작된 것이었다.

내가 OP에 올라온 이후 사병들끼리 다툼이 벌어진 것은 처음이어서, 나는 화가 머리끝까지 났다. 그간 어떤 경우든 병사들 간에 내무생활로 인한 시비나 다툼이 없도록 서로 돕고 이해하며 지내자고 다독여 왔고, 스스로 모든 일에 솔선수범했는데, 나의 인내와 노력이 한순간에 수포로 돌아간 것 같았다. 기대와 신뢰를 저버린 후배들에 대한 묘한 배신감과 함께 인간에 대한 실망감에, 나 스스로가 무너져 내리는 느낌이었다.

화를 삭이지 못한 나는 결국 빠따를 들고 말았다. 다른 아무런 생각이 나지 않았다. 엎드려뻗쳐를 시키고 각각 3대씩을 치고 났는데, 문득 이게 무슨 짓인가 하는 생각이 들었다. 신병 시절의 각오와 맹세를 스스로 어긴 것이었다. 어릴 때의 싸움 이후 내 일생 처음으로 폭력을 행사한 것이었다. 폭력의 욕구에 지고 만 것이었다. 방망이를 던지고 황급히 자리를 피한 나는 심한 자괴감에 빠졌다. '나도 똑같은 놈이구나.'

그날 저녁 식사를 마치고, 나는 장교들을 포함한 전원에게 폭력 행사에 대해 공개적으로 사과하고, 맞은 후배 둘에게는 별도로 용서를 구했다. 잘못을 저지른 후배를 선임이 훈육하고 처벌

하는 것은 관행이었고 어쩌면 선임으로서의 당연한 책무이기도 했던 시절이었기에, 그들은 그런 나를 다소 의외라는 표정으로 보았지만, 그렇게라도 해야 조금이라도 죄의식과 수치심에서 벗어날 수 있을 것 같았다. 그날, 나는 통렬히 반성했고 두 번 다시 폭력을 행사하지 않겠다고 각오를 새롭게 했다.

이후 나는 자연스럽게, 굳이 말하자면, 비폭력주의자로 살았다. 가능하다면 무엇으로부터도 구속받지 않는 사람으로 살고 싶었던 나는, 자신이 어떤 특정 이념에 갇히는 것을 경계해 왔지만, 비폭력에 대해서만은 완고하게 편향된 시각을 지금까지 유지해 왔고, 몸으로 실천했다. 간디와 킹 목사를 존경했고 나폴레옹과 칭기즈칸이나 알렉산더 같은 위인들은, 역사적으로 어떤 기여를 했다고 평가를 받든 상관없이, 학살자로 규정했다. 스스로 다른 사람에게, 자녀 훈육을 빙자한 회초리든, 부하 직원에 대한 폭언이나 욕설이든, 부부 싸움이든, 유무형의 어떤 폭력도 행사한 적이 없다.

비폭력을 이념적으로 옹호·주장하고 사회적 활동에서 솔선수범하는 것은 그리 어려운 일이 아닐 수 있지만, 개인이 일상에서 전혀 싸움을 하지 않거나 폭력을 사용하지 않고 살아가기란 매우 어렵다. 아니, 거의 불가능에 가깝다고 할 수 있다. 보통 사람이라면 살아가면서, 때리고 싶거나 때려야 한다고 생각되는 놈은 늘 생기고, 화가 나서 우발적으로 상대의 따귀를 치는 경우도 있고, 예상에 없던 시비에 휘말려 싸움을 하게 된다. 형사나 교사, 복지기관 종사자처럼 폭력과 학대의 유혹에 쉽게 빠질 수 있는 직업도 있고, 공권력을 남용할 수 있는 위험의 경계선에서 늘 고뇌해야 하는 직책도 있다. 현실 세계에서 우리는 늘 폭력을 보고 듣고, 스스로 행하고, 피해자가 되고 하면서 살고 있는 것이다. 만일 군인으로서 전쟁에 참가한다면 스스로 폭력을 통제하거나 폭력을 피할 수 있는 가능성이 아예 없어질 수도 있다.

내가, 군 시절 그 일 이후 지금까지, 타인에게 폭력을 행사하거나 싸움 한 번 안 하고 살아올 수 있었던 것은, 그 일에 대한 부끄러움과 성찰의 결과이기도 하겠지만, 보다 분명한 이유는 내가 직접 폭력의 피해자가 되어 그 고통과 치욕을 뼈저리게 겪었기 때문이다. 그 상흔이 너무나 컸기 때문에, 내가 겪은 그 아픔을, 내가 남에게 준다는 것은 도저히 용납이 안 됐던 것이다.

미생지신(尾生之信)

 중국 춘추시대 노나라의 미생이란 시골 청년이 애인과 다리 밑에서 만나기로 했는데 약속된 때에 그녀가 오지 않았다. 시간이 한참 지나도 그녀는 나타나지 않고, 때마침 소낙비가 쏟아져 냇물이 불어나는데도, 미생은 그녀가 와서 자기가 없으면 실망할 것이 염려되어 그곳을 떠나지 못하고, 결국 익사하고 말았다.
 이 이야기도 대부분의 중국 고사와 마찬가지로 지어낸 것이겠지만 그 함의는 대단히 크다. 세간은 미생을 융통성이 전혀 없는 얼간이라는 평가를 하는가 하면, 공자는 이 고사를 인용하여 신의의 중요성을 설했다 한다. 가부의 평가와 관계없이, 이 사자성어가 만들어진 춘추시대라는 난세를 고려하면, 약속과 믿음이 인간관계의 유지 나아가 공동체의 행복에 절대적인 덕이라는 것을 말하고자 했다는 것은 충분히 알 수 있다.
 약속에는 '꼭 행복하게 해 줄게'처럼 굳이 지키지 않아도 큰 문제가 되지 않는 각오나 수사 같은 약속, 계약처럼 지키지 않으면 법적 사회적 제재를 받는 엄격한 약속, 아예 공약(空約)이라 조롱받는 선거공약 등 다양한 형태가 있다. 이렇든 저렇든 원시와 문명 모든 사회에서 약속은 지키는 것이 기본이고, 지키지 못하면 설명이나 변명이나 사과라도 하는 것이 일반적인 규범이다. 그런데, 실제로는 지켜지지 않는 약속이 너무나 흔하고, 거기에 미안해하거나 가책을 느끼는 사람들도 별로 없는 것 같다. 그래서 우리가 역설적으로 약속과 신의의 중요성을 끊임없이 강조해 온 것 아닐까?

내 기억 속에 딱 버티고 있는 최초의 약속의 배신은 초등학교 2학년 때로 거슬러 올라간다. 그 상흔은 이후 평생 내 오른손 중지 손톱에 남아 있다. 그 손톱은 늘 한가운데가 반으로 갈라져 튀어나와 있다. 아예 그런 상태로 손톱이 자란다. 손톱을 깎을 때와 하루에도 몇 번씩 기형인 손톱이 눈에 띌 때마다 어이없는 그 당시의 상황이 트라우마가 되어 떠오른다.

사건은 무덥고 무료한 여름방학 중에 일어났다. 에너지가 넘쳐 한창 뛰어놀 때였고, 요즘처럼 과외를 하거나 에어컨이 있는 것도 아니어서, 아이들은 아침부터 해 질 녘까지 주로 낙동강 언저리를 쏘다니거나 동네와 학교 운동장을 몰려다니며 소일했다. 강에서 멱도 감고 가끔은 참외 서리도 했지만, 그 덥고 긴긴 하루가 소년들에게는 늘 따분하기만 했다.

그래서 별별 놀이를 다 지어내어 더위를 이기고 무료를 달랬는데, 그중 하나가 돌깨기였다. 각자 어른 주먹만 한 돌을 구해와서 상대의 돌을 자기의 돌로 깨부수는 시합이었다. 이 게임에서 이기려면 우선 표면이 맨들맨들하고 단단한 돌을 찾아야 하고, 경기에 들어가면 자기 차례에 상대의 돌을 향해 정확하고 세게 내리쳐야 한다.

여덟 살 아홉 살의 고만고만한 아이들이었지만, 돌깨기가 위험한 게임이라는 것 정도는 충분히 알 수 있는 나이였다. 그날 나를 포함 4명의 아이들은 시합에 들어가기 전에, '반드시 자기 차례에만 돌을 집고, 친구들이 돌에서 멀리 떨어지기 전에는 돌을 던지면 안 된다'라고 단단히 다짐을 했다. 그전에도 여러 차례 같은 놀이를 했기 때문에 특별히 문제 될 것은 없었다.

몇 차례 순번이 돌아가서 한창 열이 올라 있을 무렵이었다. 내 차례에 돌을 집어 들고 내리칠 폼을 잡기 위해 한걸음 뒤로 물러서는 찰나, 딱 하는 돌 부딪히는 소리와 함께 돌을 쥐고 있는 오른손에 무언가 서늘한 느낌이 들었다. 가운데 손가락에서 피가 뚝뚝 떨어지고 있었다. 아프다는 느낌이 들기도 전에 순간 머릿속이 하얘지고 공포감에 휩싸였다. 몇 초간 멍하니 있었던 것 같다.

한 아이가 피가 흐르는 내 손가락을 꼭 쥐고 나를 끌었다. 그

뒤는 기억이 잘 나지 않는다. 학교 앞 병원에서 응급처치를 받고 나서 집 마당에 들어와 정신을 차리고 보니, 손가락이 퉁퉁 부어 있었고 몹시 아팠다. 나중에 어머니에게 들은 얘기로는, 다른 아이가 던진 돌에 깨진 돌의 파편이 내 손가락에 튀었단다. 그냥 어이가 없었다. '아니, 자기 차례가 아닌 놈이 왜 돌을 던져?'

그 뒤로 그 아이를 본 적이 없다. 옆 동네에 살았고 학년도 하나 아래여서 굳이 같이 놀지 않으면 마주칠 일이 없었다. 어머니와 그 아이 어머니는 크게 다툰 모양이었지만 해명이나 사과를 제대로 받았는지는 모르겠다. 아직도 그 아이가 왜 그랬는지 전혀 짐작이 안 간다. 다만 그 아이가 약속을 어겼다는 사실만이 내 뇌리에 굳게 박혔다.

몇 달인가 지나서 상처가 완전히 아물고 손톱이 다시 나긴 했지만 흉측한 모습이었다. 손톱 위 1.5cm 정도가 손상을 입어 그곳에서 손톱이 갈라져 나온 것이었다. 시간이 가면 원상회복이 될 줄 알았는데, 지금까지 그대로다.

그 후 나는 평생 약속 강박증 비슷한 것에 시달렸다. 누구든 내게 사소한 것이라도 무슨 말을 하면 반드시 지킬 것을 요구했고, 지키지 않으면 그 사람과는 다시 만나지 않거나 소원하게 지냈다. 당연히 내가 한 약속은 상당한 무리가 따르더라도 철저히 지켰고, 소소한 룰이나 약속도 모두 지키려고 애쓰다 보니 늘 긴장해야 하고, 주변 사람들을 불편하게 했다. 약속을 완벽하게 지키려는 데 따른 기회비용도 만만치 않았다. 사람을 잘 믿지 않거나 세상사를 다소 부정적으로 보는 정서도 그때부터 생긴 것 아닌가 한다.

그렇게 고희가 되도록 살아오면서 기억에 쌓인, 약속의 배신으로 인해 받은 상처가 상당히 크고 많다. 인간 삶을 알 만큼 알게 된 근자에는, 누가 무엇을 어떻게 약속하든 그저 그러려니 한다. 지켜지면 다행이고, 지켜지지 않아도 애당초 큰 기대가 없었으니 별로 실망하거나 섭섭해하지 않는다. 약속과 신의도 적당히 요령껏 지켜야 하는가? 약속과 신의에도 과유불급이 적용되는가? 아직도 잘 모르겠다.

사람을 판단하는 예로부터의 기준으로 보통 신언서판(身言書判)을 드는데, 나는 무엇보다도 약속을 잘 지키는가를 본다. 약속을 잘 지키는 사람은 말한 대로 사는 사람이고, 지나간 일을 있었던 대로 말하는 사람이기 때문에, 우리는 그의 말을 듣고 그의 다음 행동을 예측할 수 있으며, 일어난 일은 사실대로 알 수 있어 그를 믿을 수 있는 것이다. 약속을 잘 지키지 않는 사람은 불성실하고 부정직하니 일단 경계해야 하고, 신언서판이 좋은들 무슨 소용이 있겠는가.

인부지이불온(人不知而不慍)

 왜 사람들은 끊임없이 자기의 존재를 드러내고, 알리려고 애쓰는 걸까? '내 생각이 옳아.' '나 이런 사람이야.' '나 아직 안 죽었어.' '나 아니면 안 돼.' 언제 죽어도 이상하지 않을 흘러간 노정객이 현실 정치에 대해 틈만 나면 한 말씀 거드신다. 기성세대는 기성세대대로, 젊은이는 젊은이대로, 다들 자기들을 이해하지 못한다고 아우성이다. 아내는 남편에게, 남편은 아내에게, 나 좀 알아 달라고 하소연한다. 심지어는 불친절하거나 무시를 당했다고 종업원에게 음식을 집어 던지고, 사람을 죽이기까지 한다.
 고금과 동서를 막론하고 사람들의 이러한 정서나 태도, 행동 패턴은 거의 변함이 없는 것 같다. 문화적이거나 학습된 것인가? 아니면 유전인자에 박혀 있는가? 세세연년 기억되고 존경받는 수많은 위인들 중, 부·권력·명예를 가벼이 여긴 듯한 삶을 산 사람들은 셀 수 없이 많지만, 자기의 존재를 드러내지 않으려 애쓴 사람은 알려진 이가 없는 것 같다. 은자의 삶을 살았다는 노자와 장자도 자기의 생각을 알리고자 스스로 기록을 남겼고, 자연 속에서 나 홀로 살겠다고 산으로 간 사람들도 TV에 나와 자신의 삶을 자랑하지 않는가.

오랜 기간 익명으로 거액의 기부금을 내는 등의 드문 예외가 있긴 하지만, 사람들이 자신을 타인에게 각인시키고 타인으로부터 자신을 인정받으려 하는 것은 사람의 삶에 본질적 요소인 것 같다. 사회적 동물로서 인간 개개인이 자신의 가치와 존재의 의미를 표현하고 증명하여 자신의 정체성을 지키려 하는 것이다.

통속적으로 말하자면, 사람은 스스로 아무리 잘나도 남들이 알아주지 않으면 견디기 힘들며, 아무리 힘든 상황도 남들이 알아주면 훨씬 견디기가 수월해지는 동물인 것이다. 그래서 사람들은 일단 생존과 안전 등 기본적인 문제가 어느 정도 해결되면 누구나 남에게 자신을 알리고, 인정받으려 은연중 또는 고의로 기를 쓰게 된다.

돈이 많거나 상당한 권력과 명예가 있으면, 하다못해 그럴듯한 학벌이나 인맥만 있어도, 자기를 드러내고 기본적인 인정을 받는 것은 그리 어렵지 않다. 그러나 딱히 내세울 만한 간판이 없는 사람들은 늘 자기가 무시되거나 오해받고 있다고 느낀다. 그래서 자기가 가진 모든 자원을 동원한다. 과장해서 말하는 것은 보통이고, 거짓말까지도 거리낌 없다. '우리 애가 미국의 명문 무슨 대학에 들어갔다', '돈도 없고 출세도 못 했지만 비굴하게 살지는 않았다', '우리 딸애가 서울 무슨 지검 검사와 사귀고 있다' 등등. 사실, 사람들이 하는 말은 업무상 대화와 남의 험담을 제외하고는 대부분 자기주장이나 변명, 자랑 같은 내용들로 채워진다. 물론, 개인차가 있어서 빈 깡통이 더 요란하고 속이 좀 찬 사람들이 덜 하긴 하지만 본질적으로는 같다.

요즈음의 SNS 세상에서는 이런 인정욕구의 충족 노력이 극도로 확장 심화되고 있다. 과거에는 일반적으로 자기의 주변 사람들을 상대로 대부분의 욕구 충족이 이루어졌다. 그러나 지금은 거의 모든 사람들이, 세상의 거의 모든 사람들을 상대로 자기를 알리려고 반사적으로 행동한다. 이삼십 년 전이라면 품위 없는 과다 노출로 입방아에 오를 수도 있을 만큼 자기 자신의 거의 모든 일상을 막무가내로 공개한다(까발린다고 하는 편이 더 적절한 표현일지도). 그렇게 할 수 있는 기술적 수단이 보편화되었고 아무도 이를 제지할 수 없게 되었다. 오프라인 사회에서의 인간관계가 점점 힘들어 가는 만큼 온라인에서의 노출 경향은 더욱 강화될 것으로 보인다.

이렇듯, 남들이 알아주지 않음에도 불구하고 몸과 마음의 평정을 유지하며 살아갈 수 있는 사람은 별로 없다. 거의 성인(聖人) 수준이 아니면 가능한 일이 아닌 것 같다. 인류 최고의 스승이며 지금도 여전히 사람들의 태도와 행동을 좌지우지하는 막강의 공자는 2,500여 년 전에 이미 이러한 인간의 비극을 잘 알고 있었다. 짐작건대, 공자 자신의 일생에 걸친 체험에서 깨달았을 것이다. 공자는 관직에 나아가 자신의 학덕과 경륜을 펼쳐 난세를 구하고자 했으나 알아주는 이가 없었고, 자신을 등용해 줄 현명한 군주가 없었다.

공자는, 역설적이게도, 살아서 자신을 알아주는 군주를 만날 수 없었기에 후학의 양성과 학문에 정진하여 인류의 사표가 된 것이다. "인부지이불온불역군자호(人不知而不慍不亦君子乎 : 사람들이 알아주지 않아도 화(원망, 섭섭함 등)내지 않으면 이 또한 군자가 아닌가?)." '논어'의 첫 장에 이 문장이 등장하는 까닭은 일생 동안 자신을 알아줄 군주를 찾아 헤맨 공자 자신의 자괴감을 드러내는 한편, 스스로를 위로하고자 했음이 아닐까.

십 년쯤 전 일이다. 그때만 해도 친구들이 자주 어울렸다. 함께 운동도 하고 술도 마시고. 사이사이 하는 이야기의 태반이 자기 잘난 자랑이었다. '내가 누구누구 어려울 때 얼마 줬다', '누구누구 사업 초기에 내가 힘 좀 썼지' 등등. 듣기 거북했다. 도와준 것은 정말 고마운 일이긴 하지만 도움받은 친구들의 자존심과 체면은 어찌 되는 걸까. 하긴 성인이 아닌 사람들에게 성인 수준의 언행을 기대하는 것 자체가 무리였을 것이다.

그 무렵 어느 날, 친구의 차에 동승해서 같은 방향인 집으로 가던 중 친구가 음주 운전에 걸렸는데 예납 벌금(상당한 액수였다)을 내가 내 준 적이 있었다. 그 후 그 일을 까맣게 잊고 있었다. 그런데 얼마 전에 우연히 다른 친구로부터 그날의 일에 관해 듣게 되었다. 의리니 뭐니 하는, 민망스러운 칭찬을 들은 것이다. 그날 운전을 한 친구가 10년이나 지난 후에 무슨 까닭인지 그날의 고마움에 대해 그 친구에게 얘기한 것이다. 오랫동안 잊고 있기는 했지만 너무나 기뻤다. 속이 뻥 뚫리는 느낌이었다. 내가 잘난 짓을 한 것이 이제야 남으로부터 인정받은 것이다.

그런데, 그것이 다가 아니었다. 잠깐의 희열 후 나는 깊은 자괴감에 빠졌다. 사실은, 내가 그날의 일을 잊은 것이 아니었다. 내 입으로 잘난 척하기가 좀 뭐했을 뿐이었다. 누군가가 그 일을 알아줬으면 하는 잠재적 바람이 내내 똬리를 틀고 있었던 것이다.

人不知而不慍! 군자의 길은 멀다. 공자의 심정을 이해할 것 같다.

꼰대를 어찌할꼬?

지난 어버이날에 간만에 손자녀들까지 온 가족이 고급 레스토랑에서 식사를 했다는, 한 지인의 푸념인지 자랑인지가 헷갈리는 이야기 중 일부다. 그는 평소에 자신이 말을 꺼내려고만 하면, 그 내용이 무엇이든 들어 보기도 전에, 자식들은 끼리끼리 지방방송을 하거나 휴대폰을 보기 시작한다는 사실에 상당한 스트레스를 받고 있던 터라, 오늘은 결코 한마디도 하지 않으리라 속으로 단단히 다짐을 하고 있었는데, 중학생인 손녀의 과외비가 너무 많이 들어간다는 첫째 딸의 불평 섞인 얘기에 그만 정신 줄을 놓아 버리고 말았다. "우리 때도 과외를 하는 애들이 꽤 있었는데, 나는 한 번을 안 하고 대학에 들어갔어. 하려는 의지만 있으면 다 할 수 있어. 혼자서는 공부를 못 하니까 학원 가는 거 아냐? 꼭 필요한 것만 한두 개 하면 되잖아." 아차 했지만 이미 늦었단다. 이후 상황은 더 이상 언급할 필요가 없을 것 같다. 그만의 에피소드가 아니지 않겠는가. 이 꼰대를 어찌할꼬!

꼰대는 늙은이를 이르는 은어이고 '꼰대스럽다'는 '권위적이다', '옛날이야기를 자주 한다', '과거의 경험이나 방식만 고집한다', '자기의 생각만 옳다고 주장하거나 남을 가르치려 한다' 등을 형용하는 말이다. 그래서인지 이 말은 우리 주변에서 몰아내야 할 뭔가 시대에 뒤떨어진 구습이나 행태를 총칭하는 것 같다. 기성세대들은 이 말이 그들의 존재와 삶을 비웃고 송두리째 부정하는 것 같아서, 자신이 꼰대라거나 꼰대스럽게 말하고 행동한다는 사실을 좀처럼 인정하고 싶어 하지 않는다. 아마도 누가 자신을 면전에서 꼰대로 지칭한다면 죽이고 싶을 만큼 미워질 것이다.

우리 시대에 '꼰대'는 젊은 세대가 나이 든 기성세대에 씌운 낙인이자 주홍 글씨다. 이는, 대체로 말해서, 풍요하고 자유로운 사회에서 태어나 어려움과 고생을 모르고 자란 사람들이, 그런 사회와 환경을 가능케 했던 부모 세대의 가치관과 태도를 부정하고 물려받기를 거부하는 데서 오는 표지이자 상징 같아 보인다.

젊은이들의 입장에서는 다른 환경과 상황에서 살아온, 어쩌면 그 차이만큼 덜 진화한, 이전 세대와 함께하기는 싫고 거북한데 함께하지 않을 수가 없으니 그렇게라도 자기들의 불편한 심사를 드러내고 싶을 것 같기도 하다. 그 불편한 심사 뒤의, 자기들도 잘 모를 수 있는, 잠재된 속내에는 '이제 그만 당신들의 시대와 역할은 끝났으니 성가시게 하지 말고 알아서 들어가 주면 좋겠는데' 하는 바람이 있지는 않을까?

꼰대들은 사정을 어느 정도 이해하면서도 '그래도 그렇지, 너희들이 거저 나왔어?, 너희들은 다 잘하는 줄 알아? 너희들은 안 늙을 줄 알아?' 하며 답답해하고 서운해한다. 그냥 보통 사람으로서 그 시대의 산업환경과 문화의 흐름에 따라 죽어라 일하고 성실하게 살았을 뿐인데, 배운 대로 경험한 대로 처신하는 것일 뿐인데, 내 힘으로 애써 얻은 걸 지키려 하는 것뿐인데, 단지 오래 살아서 나이가 많을 뿐인데, 그게 뭐 그리 큰 죄라고 이리도 못난 사람 취급을 하는지.

상당수 꼰대들은 가족들이나 사회로부터 소외되고 외면당하는 자신들이 한심하고 퇴물처럼 느껴진다며 자괴감과 억울함을 토로한다. 한편, 좀 난 척하는 일부 사람들은 아예 자기는 꼰대가 아니라고 위장하기 위해 옷차림과 말본새와 행동거지 등을 젊은이처럼 하고 다니기도 한다. 그런다고 꼰대가 청년 되겠냐마는.

인류 역사에 기성세대가 꼰대 아닌 적은 없었겠지만, 요 몇십 년 사이에는 세상이 너무 빠르게 변했고 세대 간 갭이 너무 커져서 그 말이 주는 함의와 부정적 이미지가 더 강하게 느껴지고, 세대 간의 문화 차이·갈등과 경쟁 상황은 어쩌면 치유가 어려울 정도로 심각한 지경에 이른 것 같다. 그런 까닭인지, 각종 미디어에서도 기성세대의 버려야 할 구습이나 잘못된 관행을 꼰대에 비유하는 게 공공연하게 돼 버렸다.

공경해야 할 부모들이며 미래의 주역이 될 청년들이니 서로 존중하며 함께 살아갈 수밖에 없을 텐데, 해결책까지는 아니더라도 무슨 완화책 정도는 없을까? 말로는 쉽다. 청년들이 기성세대의 언행을 좀 더 선의로 대하고, 이해하기 위해 좀 더 노력하고, 좀 더 배려해야 한다. 어차피 당신들이 짊어질 부담이고 돌봐야 할 어른들 아닌가. 기성세대는 변화된 사회와 새로운 문화를 이해하고 따라잡을 수 있도록 노력하고, 무엇보다 권위 의식과 기득권을 내려놓아야 한다. 열린 자세로 상호 소통과 대화의 기회를 늘려야 한다. 청년이든 기성세대든 피하지 못할 일은 그냥 서로 인정하고 받아들이면 딱 좋겠는데, 아무래도 그렇게는 될 성싶지가 않다.

세대 간의 갈등이나 문화 차이, 경쟁은 복지증진이나 문화예술진흥과는 달리 나라가 정책적으로 어떻게 한다고 개선될 가능성은 크지 않다. 결국 각자가 알아서 자기관리 잘하고, 자기 인생 잘 사는 길밖에는 별 뾰족한 수가 없는 것 같다. 절대적으로 인문적, 시대적 문제라는 것이고, 사회나 역사가 가는 방향을 믿어 보는 수밖에. 설마 설화에나 나오는 고려장 같은 것의 현대식 버전이 등장하기야 하겠는가!

거지 부처

　우리가 아는 석가모니 부처는 거지였다. 부처를 포함한 초기 승려들이 먹을 것을 구하는 소위 탁발이라는 행위는 말 그대로 밥을 빌어먹었다는 것이므로 그들이 거지였음은 틀림없는 듯하다. 당시 인도 사회의 모든 출가 수행자들이 걸식을 했으므로 부처와 그 제자들이 거지였다는 것에 별 새로운 시사는 없는 듯하지만, 탁발이 계율이 되어 불가의 오랜 전통으로 계승되었다는 것은 그 의미가 매우 무겁다.
　부처가, 단지 재물이 없어서, 아니면 당시의 출가 수행자들이 빌어먹어서, 아니면 관행인 탁발을 자연스럽게 수행하느라, 아니면 밥 주는 사람들이 복을 짓게 하려고, 평생 스스로 탁발을 실천하고 나아가 승단의 규율로 모든 승려가 철저히 지키도록 했을까? 또 아니면 여기에, 신분제인 힌두사회의 질곡을 깨고 새로운 종교의 핵심 사상인 평등을 전파하여 정착시키려는 부처의 원대한 전략이 있었을까?
　부처는 당대에 거대한 종단을 형성하고 이끌었으니 얼마나 바쁘고 고단했으며, 시중드는 사람들은 또 얼마나 많았겠는가. 밥을 빌어먹는다는 것은 경전에 나오는 대로 예나 지금이나 가장 천한 행위로, 오죽하면 '빌어먹을 놈'이라는 극혐의 욕이 다 있겠는가. 그런데도 부처는 그 불편한 거지 행세를 하루도 거르지 않고 입적할 때까지 계속했다.

전직 왕자인 부처가 승려들의 수장으로서, 성직자가 가장 높은 신분인 사회에서 가장 천한 거지의 삶을 생존의 기본으로 삼았으니…. 2,500여 년이 지나 제도적으로 거의 민주화된 이 사회도 평등한 세상에는 한참 못 미치는데, 부처는 당시에 몸으로 평등이 무엇인가를 웅변하고 실행했다.

부처님 오신 날에 즈음하여 다시 옷깃을 여미고 그분의 뜻을 헤아리며 경전 속 거지들의 일상에 합장 경배한다. 조계종의 소의경전인 금강경 제1장의 내용을 정리하면 다음과 같다. "부처는 밥때가 되자 옷을 입고 밥사발을 들고 마을로 들어가 집집을 돌며 먹을 것을 얻었다. 처소로 돌아와 식사를 마치고 설거지를 한 후 옷을 벗고 발을 씻은 다음 자리를 깔고 앉았다."

3부

여강 연가

춘풍이 실어 왔나
여강가 그대 모습

심저에 묻은 사모
일순에 깨우고는

내 모습 보지 못한 양
석탑 뒤로 숨는다

낙향방담(落鄕放談)

 오늘로 이번 겨울은 마지막인가 보다. 시렸던 날들이 정말이었던가 싶게 살갗에 스치는 바람이 시원하다. 또 한 번 사계가 탈 없이 돈 거다. 만물이 살아 피는 새로운 시작이 사방에서 부산하다. 그런데 정작 나는 제 소임을 다하고 물러가는 지난 계절의 마지막을 놓지 못하고 있는가, 새봄을 반길 심사가 별로 없는 듯.
 언제부턴가 마지막이나 황혼 같은 말을 떠올리면 괜스레 짠해진다. 계절은 돌고 또 돌지만 인생은 한번 가면 다시 올 수 없는 것. 니코스 카잔차키스가 임종 전에 했다는 말이 생각난다. "나는 이제 연장을 거두고 집으로 간다. 그러나 그것은 지쳤거나 두려워서가 아니라 다만 해가 저물었기 때문이다." 사람들은 '인생은 60부터'라는 둥, '인생 백세'라는 둥 해가 저물고 있는 것을 전혀 모르는 척한다. 그런다고 황혼이 아닌 것은 아닌데.
 소년 시절부터 언제 죽어도 유감이 없다는 생각으로 살았다. 6.25 전쟁 통에 어머니 배 속에서 포성을 너무 심하게 들어서 태어날 때부터 머리가 어떻게 된 게 아닌가 싶기도 하고, 삶이 무언가를 알기도 전에 전쟁 영화를 너무 많이 봐서 그런가 하기도 한다. 자살한 헤밍웨이의 영향이거나 뜻도 잘 모르고 읽은 실존주의 때문일지도 모르겠다. 불행이 나만 피해 가리라는 바람은 부당하고, 시작도 어느 날의 우연이었고 끝도 언제인지를 모르니, 내 이런 생각이 무리는 아니지 않은가 한다. 동무인 권석창 시인의 노래 한 구절이 떠오른다. "쪽팔리게 살기 싫어 간 이역에 내렸다."

내 인생 이제는 거의 종착역에 왔다 싶다. 꽤 긴 세월이었다. 별생각 없이 살았다. 무얼 깊이 따질 겨를이 없었다. 하늘 한번 제대로 쳐다보지 못한 채 수십 년이 후딱 지나가 버렸다. 그냥 그렇게 사는 것이 당연하고 최선인 줄 알았다. 남들도 다 그렇게 사니까. 돈 벌어 가족을 호강시키고, 부모 봉양 정성껏 하고, 자리가 올라가서 대접도 좀 누리고, 남들을 내 뜻에 따라 움직이게 하고.

결과로, 대부분의 사람들도 마찬가지였겠지만 나 역시 그 대가를 치러야 했다. 어느새 지치고 노쇠한 몸뚱이는 사용 기한이 지난 비품처럼 한 구석에 치워져 있었고, 남은 건 텅 빈 마음뿐이었다. '내가 제대로 산 건 맞아?' 아무래도 셈이 맞지 않는다. 내가 원하는 삶을 산 것이 아니었다. 남들이 정한 기준에 따라 산 것이었다. 그들의 기대와 그들의 요구에 따라 산 것이었다.

 작년 오월 철쭉이 흐드러질 무렵, 오랜 도회 생활을 떠나 남한강 변의 소읍으로 물러났다. 기존의 내 모든 것으로부터의 떠남을 시도한 셈이었다. 뜻 모르고 부대낀 지난 세월, 마음 바닥에는 줄곧 '자유로워지고 싶다'는 목마른 외침이 있었던 것 같다. 남은 생이 얼마이든 지금부터라도 '무엇에도 매이지 않고, 무엇을 하더라도 걸림이 없으며, 어디에도 머물지 않는 삶을 살리라!' 하던 일을 놓고 가족을 떠나고, 서울을 버렸다. 비록 과거의 인연들이 싹둑 잘라지지는 않았지만 새로운 삶은 시작되었고 몸과 마음이 가벼워졌다. 불편하고 무거우면 그냥 내려놓으면 그만이었는데, 원래부터 내 것인 줄 알고 너무 오랫동안 짊어지고 있었던 게다.
 낙동강 가를 쏘다니던 소년은 어디로 사라졌는가. 이곳에 오기 전까지 수십 년 동안 오감이 제대로 동작을 한 적이 없는 듯하다. 거의 매일 잠들기 전까지 계속 무엇을 생각하거나 궁리하면서 살았다. 아니 꿈속에서도 계속 생각에 궁리를 거듭했다는 것이 옳다. 해결해야 할 일들은 끝없이 발생하고, 잘해야 한다는 강박은 거머리처럼 떨어지지 않았다.
 일상이 참 심플하다. 하루는 집 앞 산으로, 하루는 강 따라 서쪽으로, 하루는 강 따라 동쪽으로, 하루는 강 건너 사찰로, 번갈아 가며 걸어 다닌다. 어떤 날은 아주 멀리 몇십 리 길을 그냥 걸어갔다 오는 경우도 있다. 걸어 다니는 그 긴 시간 동안 아무 생각이 안 난다. 눈은 강, 산, 들, 하늘을 보기 바쁘고 귀는 바람 소리 듣느라 바쁘고, 코는 풀 냄새 들꽃 냄새로 바쁘다.

혼자 사는 일이 꽤 익숙해졌다. 효율과 효과, 합리성을 황금률로 알고 평생을 살아온 내가 일상생활의 거의 모든 일을 직접 하면서 느림과 여유가 주는 위로와 안식을 알게 됐다. 단순 반복의 일상에 이렇게나 적성이 있었나 싶을 정도로 내가 전혀 몰랐던 나를 발견한다.

집에서는 주로 읽거나 쓴다. TV도 자주 본다. 전에는 유치하다고 거의 보지 않았던 연속극도 보는데 재미있고 영감도 얻는다. 이걸 왜 안 봤나 싶다(아무리 재미있어도 볼 시간이 없었을 것이다). 하루하루 심신이 편하고 걱정이 없다. 수십 년 동안 이런 느낌을 가졌던 적이 없었던 것 같다. 만약 서울에서 매일 이렇게 살았다면 내 자신이 무가치한 인간으로 느껴졌을 것이다.

한동안 이렇게 살아 볼 작정이다. 특별히 무얼 하고 싶은 일이 있는지는 살다 보면 생길 수도 있고, 아무것도 하고 싶지 않으면 그냥 쭉 이대로 살면 될 것이다. 앞으로 내 삶이 어떻게 변해 갈지는 알 수 없지만 예전처럼 무엇을 얻고, 이루고, 쌓기 위해서 살지는 않을 것 같다.

그녀가 인사를 했다

꽃집 그녀가 내게 "안녕하세요?" 인사를 했다. 눈이 마주쳤다. 순간, 뭔가 봐서는 안 될 것을 보다가 들킨 것처럼 황급히 시선을 돌리고 빠른 걸음으로 그녀의 시야에서 벗어났다. 가슴이 막 뛰었다. '내가 왜 이러지. 그녀는 그냥 길 가는 사람을 보고 반갑게 인사를 했을 뿐이고, 나는 그냥 진열된 꽃을 봤을 뿐인데.'

몇 달 전부터 집에서 꽤 먼 마트로 장을 보러 다닌다. 집 근처의 마트가 무슨 사정인지 문을 닫아서이다. 마트까지는 소나무 가로수가 아취를 이룬 오솔길을 한참 가다가 한적한 주택가 뒷길을 지나는, 산책 코스 같은 길이다. 나는 한 주에 두어 번 이 행로를 왕복하는 도보 여행을 즐긴다. 늘 똑같은 길이지만 늘 새로운 느낌을 받는다. 가로수, 햇볕, 공기, 바람, 온도 등.
 어느 날 주택가 길모퉁이에서 꽃집을 봤다. 전부터 있었는데 내가 이제야 발견한 것인지, 새로 개업을 한 건지, 갑자기 길이 환해진 것 같았다. 가게 앞에 몇 가지 꽃들이 진열되어 있었고,

안쪽에는 젊은 여자가 꽃을 손질하고 있었다. 잠시 구경을 하고 싶었으나 꽃을 사라고 권유받을까 염려되어 서둘러 지나치고 말았다.

 오며 가며 오솔길을 벗어나 주택가로 들어서면 늘 앞만 보고 걸었는데, 그 후로 꽃집을 지날 때는 나도 모르게 고개가 돌려지고 꽃들을 보게 됐다. 그렇게 한동안 다녔는데, 그날 그녀가 내게 인사를 한 거였다. 그날부터 눈이 마주칠 때마다 그녀는 인사를 했고, 나도 고개를 약간 숙이곤 했다.

 이태 전 찔레가 흐드러질 때, 오랜 도회 생활을 청산하고 한적한 소읍으로 물러났다. 남은 생의 한동안을 혼자서 조용히 평화롭게 지내고 싶어서다. 지금까지 이곳에는 개인적으로 아는 사람이 없다. 인사를 나눈 사람도 없다. 그녀가 처음이다. 요즘도 길가는 모르는 사람에게 인사를 하는 젊은이가 있다니 신기하다. 외국에서 살 때는 흔하고 당연한 일이었는데, 아무리 시골이라도 이 땅에서 이건 예삿일이 아닌 것이다.
 인사를 받으며 오가면서, 나는 미묘한 고민에 빠졌다. 이곳에 아는 사람이 하나 생겨서 가슴이 따뜻해진 것 같기도 하고, 뭔가 빚진 듯하면서 갚아야 할 것이 생긴 것 같기도 했다. 평소 나는 남에게 사소한 친절이나 호의를 받아도 어떤 형태로든 꼭 갚아야 마음이 편해질 정도로 남의 신세를 지는 것을 몹시 부담스러워한다.

몇 번을 앞만 보고 다녔다. 그녀와 다시 눈이라도 마주치면 왠지 민망할 것 같았다. 결국 꽃을 하나 사기로 결론을 냈다. 나는 평생 꽃이나 식물에 관심을 두거나 보는 것을 즐기는 편이 아니었다. 키우는 것은 더더욱 해 본 적이 없다. 사실, 개인적으로 꽃을 사 본 적도 없다. 한가한 시골 생활이긴 하지만 꽃집 앞에 진열된 꽃을 보는 것도 나로서는 매우 드문 일이었다. 아무튼 내가 무슨 잘못을 한 것도 아닌데 피해 다니는 것도 이상하고, 그 길로 다니는 것이 일상의 즐거움 중의 하나이니 포기할 수 없었다. 빨리 심적 부담을 털어 버리고 싶었다.

제일 키우기 쉬운 꽃으로 달라고 했다. 그녀는 노란 꽃 두 송이가 겨우 핀 작은 국화 화분을 권했다. 나는 꽃을 키워 본 경험이 없다고 말했고, 그녀는 하루에 한 번씩 물 주고 가끔 햇볕에 내놓으면 잘 자랄 거라 했다. 화분 받침대는 쓰던 거라며 그냥 줬다.

노트북으로 작업을 할 때면 책상 위의 화분을 틈틈이 곁눈질했다. 내 옆에 나 이외의 생명이 또 하나 있구나, 그걸 내가 지키고 있구나 생각하니 그저 기분이 좋아지고 뭔가 의미 있는 일을 하고 있다는 자부심이 생기는 것 같았다. 그녀의 말대로 하루 한 번씩 물을 주고 가끔 햇볕도 쏘이고 나름 정성을 들였다.

화분을 사 온 지 열흘쯤 지난 아침이었다. 무심코 꽃잎을 만져 보니 좀 메마르다는 느낌이 들었다. 사막의 풀도 아닌데 촉촉해야 하는 거 아닌가 하는 의심이 들었다. 물을 준 다음, 하루쯤 지켜보자 하고는 외출했다가 저녁에 돌아와 자세히 살펴보니 꽃잎뿐만 아니라 이파리도 파삭했다. 틀렸다는 직감이 들었다. 아! 깊은 좌절감이 밀려왔다. 결국 화분을 버리고 말았다.

며칠 동안 스산했다. 조그만 국화꽃 하나를 못 지키다니!

그 후로는 꽃집을 피해 아예 다른 길로 다녔다. 행여 눈이라도 마주치면 어쩌나, 그녀가 국화는 잘 자라고 있느냐고 물어 올 것만 같았다. 한동안 마트에 갈 때마다 버린 국화 화분이 생각났고, 꽃집 앞을 피해 다니려고 긴장을 늦추지 않았다.

그런데 그날은 무슨 까닭인지 죽은 국화꽃은 까맣게 잊고 꽃집 앞을 지나갔고, 진열된 꽃을 보는 내 눈과 그녀의 눈이 마주쳤다. 그녀는 밝은 표정으로 고개를 숙였다. 나는 얼떨결에 고개를 돌리고 그곳을 벗어났다.

죄도 죄도 이런 죄가 없었다. 나는 도저히 그녀의 인사를 받으며 아무렇지도 않게 그곳을 지나갈 수가 없었다. 도무지 설명할 길은 없지만 하루 종일 꽃을 키우고 매만지는 그녀에게 꽃이 죽었노라 말할 자신이 없었다. 내가 그녀에게 그런 무심한 작자로

비치는 것이 싫었던 건지도 모르겠다. 약간의 부주의로 꽃이 죽은 것이고, 그 국화 화분의 값은 겨우 5,000원일 뿐인데.

별생각과 핑계가 다 들었다. '그녀가 길 가는 사람에게 인사만 하지 않았더라도 내가 꽃을 사지 않았을 것이고, 그 불쌍한 국화가 한 해 겨울도 못 넘기고 죽는 일도 없었을 것이며, 내가 이렇게 죄 아닌 죄 때문에 피해 다니며 마음고생을 하지 않아도 됐을 텐데….'

나는 내가 이렇게 여린 줄을 몰랐다. 다소 조심스럽고 겁 많은 건 인정하지만 이 정도로 비이성적일 줄은 몰랐다. 일부러 죽인 것도 아니고 그저 꽃 하나가 죽은 거였다. 꽃만 아니면 그녀와 나는 원래 전혀 모르는 사람들 아닌가.

인덕션 프라이팬

얼마 전 오후 전기곤로가 고장 났다. 점심때에는 멀쩡했는데, 막걸리 안주로 달걀프라이를 하려고 전기를 켜니 까닭 없이 불이 들어오지 않았다. 이럴 때 상식적인 첫 번째 조치는 당연히 접촉 불량 여부를 체크하는 것이다. 자동판매기에서 음료 캔이 안 나올 때 발로 차거나 하면 대개는 나오는 것과 같은 이치다. 전기 코드를 뽑아서 다시 꽂고, on-off 스위치를 이리저리 돌려 봐도 소용이 없었다. '갔구나!'

일단 김치와 풋고추만으로 막걸리를 마시는데 별별 생각이 다 들었다. 당장 저녁을 국 없이 먹어야 하고 오늘 채워야 할 단백질(달걀프라이) 분량은 날아간 거였다. 전기곤로를 새로 사야 한다면 비용도 문제였다. 쓸 만한 것을 사려면 적어도 2만 원은 들 텐데, 전혀 예상하지 못한 지출이고 상당한 부담을 주는 액수였다.

솔로 라이프를 시작한 후 한동안 가스레인지가 있는 원룸에서 살았는데, 두 해 전 월세가 싸다는 이유로 지금의 반지하방으로

오면서 전기곤로를 사용하게 됐다. 집세가 싼 대신에 옵션이 전혀 없었기 때문이다. 냉장고와 세탁기는 재활용품센터에서 샀고 전기곤로는 예비용으로 소지하던 것이었다. 전기밥솥이나 전자레인지 등 다른 취사도구도 있어서 찌개를 끓이거나 달걀프라이 정도 하는 데는 전기곤로면 충분했다. 그렇게 2년 가까이를 별 불편 없이 살았다.

그날 밤, 좀처럼 잠이 오지 않았다. 평소에는 누워서 30분 정도 책을 읽거나 이런저런 잡생각을 하다 보면 대개는 잠들었는데. 글이 제대로 눈에 들어오지 않았다. 뭘 읽고 있는지도 모를 정도였다. 번뇌는 계속 전기곤로의 주변만 맴돌았다. 결국, 정면으로 사태를 응시하기로 했다. 당연히 문제해결의 수순으로 들어갔다. 앞으로도 집에서 기본적인 취사를 해야 한다는 사실은 명백했다. '그렇다면, 가열도구는 뭘로 해야 하나?'

인터넷으로 도구의 가격과 장단점 등 필요한 정보를 검색한 결과 세 가지 선택지가 도출됐다. 첫 번째, 단순히 전기곤로를 새로 사는 것이다. 2만 원 정도를 부담하면 원상태로 되돌아갈 수 있다. 문제가 간단히 해결될 수 있다. 그러나 그 돈이 너무 아깝다(그 돈이면 내가 그동안 그렇게 가지고 싶어 했던 책 『노년』을 살 수 있다). 다음 선택지는, 지난해 지인으로부터 얻은 인덕션을 사용하는 것이다(아직 박스도 열지 않았다). 이 또

한 문제가 있다. 인덕션에는 재질이 스테인리스스틸인 조리도구만 사용할 수 있다. 내게 인덕션에 사용할 수 있는 조리도구로는 냄비 하나밖에 없다. 프라이팬을 따로 사야 되고 괜찮은 것은 전기곤로만큼 줘야 한다. 마지막으로, 스테인리스스틸 냄비를 프라이팬으로도 사용하는 것이다. 다소 불편하겠지만 시간이 지나서 익숙해지면 견딜 만할 것이다. 장점은 돈이 들지 않는다는 것이다.

다음 날, 나는 문제해결의 절차에 따라 세 가지 선택지의 평가를 위한 검토에 들어갔다. 첫 번째와 두 번째는 현실적으로 우열을 가리기가 힘들었다. 들어가는 돈도 비슷했고, 조리할 때의 용이성 등 장단점도 별 차이가 없었다. 그래서 둘 중에서 선택해야 한다면 동전을 던져 결정하기로 일단 정했다. 돈이 안 들어서 매력적인 세 번째 안은 실험을 해 봐야 채택 가능한지를 알 수 있었다.

즉각, 실험에 돌입했다. 인덕션에 스테인 냄비로 달걀프라이 2개를 하는데 일부 타고 눌어붙는 등 온도 조절이 어려웠다. 스테인 조리도구는 사용하기가 까다로운 물건이다. 그러나 이 문제는 숙달을 통해 충분히 해결 가능해 보였다. 진짜 문제는 냄비의 폭이 좁고 높이가 11cm나 돼서 프라이팬으로는 사용하기가 매우 불편하다는 점이었다. 인덕션과 스테인 냄비의 조작에 익숙해질 수 있다는 점을 고려하더라도 도무지 자신감이 생기지 않았다. 특히, 냄비를 프라이팬으로도 사용해야 한다는 옹색함을 정서상 받아들이기가 어려웠다. 결국 세 번째 안은 버리기로 했다. 당장 프라이팬이 없는 것이 너무나 불편했다. 달걀은 전자레인지로 찜을 해서 먹었다.

전기곤로냐?, 프라이팬이냐? 이것이 문제였다. '답은 현장에 있다. 일단 물건을 보고 결정하자.' 다음 날 아침, 10시가 되기 전에 인근의 '다이소'로 향했다. '다이소'는 생필품을 사러 한 주에 한두 번 간다. 3층을 뛰어올라 조리용품 코너에서 인덕션 프라이팬을 발견했다. 전기곤로는 보이지 않았다. 인덕션 프라이팬은 한 종류밖에 없었다. 우선 가격표를 확인했다. 5,000원. '아! 5,000원짜리 인덕션 프라이팬이 있다니!' 더 볼 것도 없었다. 전혀 예상하지 못했던 횡재가 눈앞에 반짝 생긴 것이었다. '5,000원이면 끝날 일을 그렇게나 궁리를 했단 말인가!' 기가 막히고 한심했지만 날아갈 듯 기뻤다. 물건을 살펴보기 시작했다. '다이소는 큰 회사이고 장기적인 계산으로 영업을 할 테니 싸다고 해서 못 쓸 물건을 팔지는 않을 거야.' 프라이팬은 바닥에 얇은 스테인리스스틸을 붙여서 인덕션에 사용할 수 있게 만든 것이었다. 다른 부분은 알루미늄으로 된 흔한 타입의 프라이팬이었다. 전부가 스테인리스스틸이라면 5,000원으로 가당키나 하겠는가. 비누 두 장을 더 사서 돌아오는 길, '세상은 다 살게 돼 있다'라는 생각에 그간 나름 불편했던 심정이 웬일인가 싶었다.

집에 돌아오자마자 새로 산 프라이팬을 깨끗이 씻고 기름으로 닦아 냈다. 실험할 준비가 됐다. 마침 점심 준비를 해야 하니 바로 착수했다. 인덕션에 새로 산 프라이팬으로 달걀프라이와 두부구이를 했다. 먼저 한 달걀프라이가 온도 조절이 미숙했던지 약간 눌었지만 두부구이는 깔끔했다. 처음 사용한 셈치고는 만족할 만한 수준이었다. '내 실력도 좋지만, 싸다고 나쁜 건 아니구만!!!!!' 양파와 당근도 볶고, 내친김에 애호박도 부쳤는데, O.K. '안주 좋으면 한잔하는 건, 진정한 술꾼의 매너!' 점심 반주로는 다소 과했지만 문제해결을 핑계로 막걸리를 두 병이나 마셨다.

그런데, 모든 소동이 종료되고 나니 약간 허탈해졌다. 사흘 동안 한 짓이 고작 5,000원짜리 프라이팬 하나 산 거라니! 그걸 사 들고 좋아라 집으로 돌아오던 나 자신을 떠올리니 뭔가 좀 어색하고 창피한 느낌이 들었다. '돈이 없으면 사람이 이렇게도 되는 건가?'

지난 몇 해 동안, 안(못?) 벌고 안(못?) 쓰며 살았다. 밥만 먹고 산 셈이다. 일로부터, 돈으로부터, 시간으로부터 사실상 해방된 것이다. 철들고 줄곧 노래 부르던 바로 그 자유를 얻은 것이다.

가진 게 없고, 잃을 게 없으면 자유로워질 거라고 믿었다. 믿은 대로 됐는데……. 두 가지가 분명해졌다. 내가 이제는 빈자의 삶에 익숙해졌으며, 한편, 스테인 냄비 하나 살 돈에도 부자유스럽다는 사실.

어머니의 유산

작년 1월 어머니가 돌아가셨다. 1926년생으로 우리 나이로는 94세를 사셨다. 돌아가시기 전 두어 해를 요양병원에 계셨기 때문에 옷 몇 벌과 소지품 몇 가지를 제외하곤 아무것도 남기신 것이 없었다. 허망했다. 사람이 거의 한 세기를 살다 죽었는데 아무것도 남지 않다니!

난 스무 살이 되기도 전부터 어머니와 따로 살았고, 더욱이 상당 기간 외국에 가 있었기 때문에 어머니에 대한 추억이 별로 없었다. 정확히는, 기억나는 것이 거의 없었다. 어머니가 내 인생에 어떤 영향을 미쳤다고 생각한 적도 없었다. 내가 독립한 후 돌아가실 때까지, 명절이나 가끔 찾아뵙는 날 안부 묻고 식사를 함께한 것이 거의 전부였다.

자랄 때도 어머니는 우리 형제들에게 이래라저래라 하시는 일이 없었다. 공부를 하라고도 하지 않으셨다. 사 달라는 책을 사 주긴 하셨지만 늘 그냥 지켜보시기만 했다. 연로하셔서도 우리에게 뭘 요구하시는 일이 없었다. 뭘 하고 지내시냐고 물어보면

"성경책을 읽는다. 텔레비전도 보고." 그게 다였다. 가끔 뜬금없이 자식 걱정을 하시긴 했다.

어머니가 돌아가시고 한동안 나는 어머니가 나에게 아무것도 남기지 않으신 것이 몹시 허전했다. 존재하던 어머니가 단순히 없어져 버린 것처럼 느껴졌다. 그러다가 시간이 가면서 결국은, '사람이 죽어서 꼭 뭘 남겨야 하는 것은 아니다. 빈손으로 왔다가 빈손으로 가는 것이 인생 아니냐'로 마음을 정리했다. 그러고도 내내 뭐가 빠진 것 같았다.

그 후 우연히, 노트를 뒤적이다가 NHK 다큐 프로그램의 내용을 요약한 메모를 발견했다. 언젠가 노인에 관한 책을 쓸 때 인용하려고 요점 정리한 것 (독서하는 노인이 건강장수한다는 빅 데이터 분석 결과)이었다. 순간, 내 어린 시절, 어머니가 책을 읽고 계시던 모습이 선명하게 떠올랐다. 이전에는 어머니의 젊은 시절 모습을 기억해 본 적이 한 번도 없었다. 내게 어머니는 늘 늙으셨는데, 이때는 아주 젊은 새댁의 모습이었다. '아! 이것이구나. 어머니는 내게 기억을 남기셨구나. 기억 속에 계시는구나.' 사라진 어머니가 다시 돌아오신 것 같았다. 사람은 죽어도 아주 없어지는 것이 아니었다.

글자를 익히고부터 달리 하는 일이 없으면 언제나 읽고 있었다. 60여 년 전, 어린아이인 내가 읽을 수 있는 책이라야 동화

책 몇 권이 고작이었지만, 읽는 일이 몸에 밴 일상이 된 것은 그때쯤부터였다. 굳이 계기를 탐색해 보자면, 어머니가 늘 『왕비열전』을 읽고 계셨던 것이 영향을 미쳤던 것 같다. 장롱 위에 꽂혀 있었는데, 두꺼운 책으로 열 몇 권은 됐던 것으로 기억한다. 어머니는 같은 책을 매일 읽고 또 읽으셨다. 내 어린 시절 기억 속의 어머니는 늘 뭔가를 읽는 모습이었다.

어머니는 정미소집 딸이었다. 일제시대, 먹을 것이 부족한 형편에 숨겨 둔 겉보리마저 공출당하던 엄혹한 시절, 어머니는 정미소를 하시던 외조부모 덕에 배곯지 않고 소학교를 졸업하실 수 있었다. 어머니에게 소학교 졸업은 일생 큰 자부심이었다. 당시 대다수의 사람들이 문맹이었기 때문에 학교를 졸업하고 글을 읽을 수 있다는 것은 대단한 일이었던 것이다.

내가 한자를 읽기 시작한 것은 초등학교 5학년 때쯤이었던 것 같다. 어머니는 시골 아낙네로서는 드물게 매일 신문을 읽으셨는데, 가끔은 둘러앉은 동네의 또래 젊은 아낙들에게 읽은 내용을 전해 주시곤 했다. 당시 신문 기사에는 한자가 많이 섞여 있었기 때문에 신문을 읽을 수 있는 사람이 주변에 별로 없었다. 그 덕에 어머니는 동네에서 똑똑한 여자라고 소문나 있었다. 나는 어머니를 따라 자연스럽게 신문을 접했고 한자도 읽게 됐다. 학교 기성회장인 아버지가 교장 선생님과 교감 선생님에게 내가 신문을 읽는다는 것을 자랑하셨고, 덕분에 나는 수재라는 오해를 받기도 했다.

어머니 덕(탓)과 움직이는 것을 싫어하는 체질이 결합하여 나는 읽는 일에 중독됐다. 요즘 아이들의 게임 중독이나 휴대폰 중독과 비슷하다. 일종의 활자 중독이다. 중독은 얼마 전까지 계속됐고 책, 신문, 잡지 등 손에 잡히는 대로 읽었다. 스스로 독서벽을 문제 삼은 지도 오래다. 논산훈련소에서 신병훈련을 받을 때는, 휴식 시간만 되면 전우신문 조각을 읽고 또 읽고 있는 나 자신이 이상하게 느껴졌다. 또, 소장하던 책을 모두 기증하기 전까지는, 벽면 가득 꽂혀 있는 책을 보며 흐뭇해하는 나 자신이 너무 싫은 적도 있었다.

평생 책 읽는 것을 내심 자랑스러워했지만, 돈과 지위 등 세속적 성공을 이룰 용기와 자신이 없어서 지식과 교양으로 열등감을 보상받고 존재의 정체성을 유지하려 한 것은 아닌가 하는 자괴감을 가지기도 했다. 입시나 자격증 등 특정한 목적이 있는 독서를 했으면 형들처럼 스카이 대학에 갔거나, 사(士) 자 직업이라도 가졌을 텐데. 그러나 어쩌랴! 이미 그렇게 살아 버린 것을.

왜 그렇게 읽었는지, 그렇게 살아서 뭐가 좋았는지, 얼마 전까지만 해도 스스로 설명할 수 없었다. 딱히 얻은 것이나 득 본 것도 없는 것 같고, 사람이 똑똑해지거나 별다른 자긍심이 생긴 것도 아니었다. 어머니로부터 물려받은 나의 글 읽기 습관은 내게 별다른 무엇을 주거나, 하게 하지는 않았다. 오히려 많은 것을 하지 못하게 하거나, 할 수 있는 시간을 차지해 버렸다. 시간이 많이 소요되는 취미 생활(바둑, 낚시, 게임 등)은 아예 해 본 적이 없다. 자극적 쾌락이나 돈, 명예, 권력 추구 등의 탐욕적 활동은 자제됐다. 어머니처럼 나도 얌얌하게 산 것이다. 달리 까닭을 알지 못하니 이렇게 산 것이 독서의 후유증 덕(탓)일 거라 치부한다.

'그만하면 됐다.' 읽느라 딴짓할 시간이 없고 잔머리 굴릴 여유가 없었기에 한세상 그럭저럭 욕되지 않게 살았다 싶다. 요즘 들어 『왕비열전』을 읽으시는 어머니가 자주 생각난다.

우연한 구명(**救命**)

　내가 사람의 목숨을 구했다! 내 팔자에 어찌 이런 영광이!
　오늘 한참 만에 이발을 하러 미용원에 갔는데 미용사가 내 덕에 살았다고 감사 인사를 했다. 코로나가 여러 사람 고생시키고 죽인다 했는데 나는 사람의 목숨을 구한 영웅(?)이 됐다. 하루 종일 내 행동이 옳았다는 생각에 자존감이 치솟고 오래간만에 행복했다.
　8월 어느 날인가 집 근처의 미용원에서 이발을 했다. 동네 아낙들이 주로 이용하는 시골 미용원으로 미용사도 60은 훌쩍 넘어 보이는 할머니였다. 내가 그곳을 택한 이유는 이발비가 다른 곳보다 싸다는 것과 손님이 별로 없어 기다릴 필요가 없다는 거였다. 다소 낡기는 했지만 실내가 깨끗하고 미용사의 솜씨도 훌륭했다. 다만 그녀는 마스크를 쓰지 않았다.
　그때 나는 내가 앞으로 계속 이곳에서 이발을 하려면 이곳을 코로나로부터 안전한 곳으로 만들어야겠다는 생각을 했다. 그러나 평소 남의 일에 간섭하거나 타인에게 내 생각을 강요하는 걸 몹시 꺼려하는 내 스타일로는 그녀에게 마스크를 끼라고 말하기가 쉽지 않았다. 상당한 용기가 필요했고 그러자면 훌륭한 명분이 있어야 했다. '내 말 한마디가 그녀를 코로나로부터 지켜 줄지도 모른다.'

나는 그녀에게 마스크 착용과 방역 수칙에 대해 소상히 설명했는데, 그녀는 차분히 듣고 나서 반드시 그러겠다고 했다. 그녀는 그때부터 지금까지 철저히 방역 수칙을 준수했고, 다녀간 손님 중에 확진자가 있었는데 마스크 덕에 무사했다는 거였다. 그녀는 두 번의 검사에서 음성이 나왔고 자가 격리만 2주간 했단다. 그녀는 몇 번이고 거듭 감사를 표했다.

과학적 인과를 떠나 그녀는 정말로 내가 그녀를 살렸다는 표정이었다. 인사치레가 아니었다. 코로나에 걸렸다가 직장에서 해고된 사람도 있고 손님이 현저히 줄어든 가게도 있다는데, 장사하는 사람이 뭐 하러 자가 격리 됐다는 얘기를 손님에게 하겠는가.

사소한 배려나 말 한마디가 사람의 생사와도 관련될 수 있다는 귀중한 체험을 한 날이었다.

착하고 멋있게

나는 언제부터인가 가끔 운다. 눈물을 흘려 가며 진짜로 운다. 하루에 여러 번 우는 날도 있다. 예전에도 남모르게 울먹거리거나 눈시울을 붉히거나 하긴 했지만, 이렇게 울게 될지는 몰랐다. 늙으면 남성호르몬이 덜 분비돼서 심약해지고 우는 경향이 있다고는 하는데 다들 나와 같은가? 나는 주로 집에서 TV로 드라마나 영화를 보면서 운다. 현실 세계에서 내가 울 만한 일을 맞닥뜨린 경우는 머리가 굵은 이후 아직까지는 없었다.

오늘도 좀 울었다. 추석 연휴 기간이라 TV에서 다큐멘터리나 영화 방송이 많았다. 이리저리 돌리다가 먼저 마주친 것이 '5남매 싱글 대디, 3남매 싱글 대디'였다. 그들의 사연이 너무나 슬프고 아름다웠다. 아빠들은 참으로 착하고 멋있었다. 5남매 아빠는 난치성 병으로 아내를 잃고, 시골에서 텃밭을 가꾸며 소박하게 살고 싶다는 꿈이 좌절된 가운데서 아이들의 아빠로서 꿋꿋이 일어섰다. 3남매 아빠도 사연은 비슷했다. 나는 다시 태어나면 싱글 대디처럼 살아야겠다는 생각이 들었다. 착하고 멋있는 아빠가 되고 싶어졌다.

눈시울이 뜨거워지고 가슴이 먹먹했다. 술을 한잔하고 싶어졌다. 막걸리를 마시면서 다시 이리저리 돌리다가 이번엔 영화「완득이」를 만났다. 이미 몇십 분은 지나가 버렸는데 들어 본 적이 있는 제목이라 그냥 보기로 했다. 건달 같은 선생님과 제자의 우정, 다문화 가정의 가족 재건. 다시 눈물이 흐르기 시작했다. '아! 이거 오늘 무슨 날이야 왜 이래. 무슨 놈의 대사를 이렇게 잘 써. 작가 이거 신 내린 거 아니야.' 또 한 번, 다시 태어나면 완득이의 선생님처럼 살아야겠다는 생각이 들었다. 착하고 멋있는 선생님이 되고 싶어졌다.

나도 사람답게 살려고 나름 애는 썼다. 정확히 말하자면 최소한 나쁜 놈은 안 되려고 기를 쓰고 살았다. 평생 아내에게 잘난 척한다고 핀잔을 들어 가면서도, 밖에서는 뇌물 안 받고 갑질 안 하고, 안으로는 부모 봉양하고 처자식 잘 건사하려, 안간힘을 썼다. 딱히 나쁜 짓은 안 했고, 손가락질받을 만한 일을 한 기억도 없다(과태료 한 번 물은 적이 없고, 경찰서는커녕 파출소에조차 끌려가 본 적이 없다. 송사를 겪은 일도 없다). 한눈팔지 않고 열심히 일했고 나에게 정당하게 주어진 돈만으로 살았다.

그러나 나는 딱 거기까지였다. 거기까지가 다였다. '착하고 멋있게' 사는 것과는 거리가 멀었다. 사회와 이웃을 위해서 뭘 해 본 적도 없고, 가족을 위하여 특별한 희생이나 고생을 한 적도 없다. 회사에서 강제로 거두는 돈을 제외하곤 불우이웃을 도운 적도, 아프리카 아이들을 위해 성금을 낸 적도 없다. 위험과 손해를 감수해 가며 불의에 저항한 적도 없고, 심지어는 몸으로 때울 수 있는 데모에조차 참가한 적이 없다.

남하고 안 부딪치고 혼자서 열심히 하기만 하면 되는 시험공부가 체질에 맞아 좋은 회사에 들어갔고, 그 덕에 일생 편하고 얌얌하게 살 수 있었던 것이다. 일제 치하가 아니니 무슨 독립운동 거리도 없고, 나만 나쁜 짓 안 하고 살면 할 만큼 하는 거라는 핑계로 살았다. 진정으로 몸과 마음을 바쳐 뭘 해 본 적이 없는 것이다. 사는 동안에는 몰랐는데 거의 다 살고 나니, 내가 산 삶이 무난한 삶이었을 수는 있으나 좋은 삶이었다는 생각은 도저히 들지 않는다.

어릴 적부터 나는 좋은 사람은 착하고 멋있는 사람이라고 믿었다. 내가 읽은 '소년소녀문고'의 주인공들은 하나같이 착하고 멋있었던 것이다. 현실 세계에 존재하지 않는, 오직 동화 속에서만 살아 있는 착하고 멋있는 사람들은 성장하면서 잊혀져 버렸는데, 더 이상 어떻게 달리 살아 볼 수 없는 다 늙은 지금에서야 다시 생각난 것이다. 그래서 지금 나는 싱글 대디나 완득이의 선생님처럼 착하고 멋있게 사는 사람들을 보면 질투 나고, 부럽고, 눈물이 난다.

"하늘이 두 쪽 나도 내 새끼 내가 지킨다"라고 절규하는 아비 없는 자식을 키우는 미혼모. "죽어라 살기밖에 안 해요."라며, 웃음 팔아먹고 산다고 흉보는 동네 아낙들에게 항변하는 선술집 주모. 병든 어머니를 지키겠다며 병 수발 들고, 동생 밥해 먹이는 초등학교 1학년 꼬마. 드라마나 영화 속의 착하고 멋있는 사람들은 늘 나를 울린다.

이번 생은 어차피 틀렸지만 다음 생에는 반드시, 저 미혼모처럼, 저 선술집 주모처럼, 저 꼬마처럼, 착하고 멋있게 살아 보리라.

4부

무제(無題)

때가 왔습니다
이제 갑니다

어디로 가는지는 알 수 없지만,
궁금하지도 무섭지도 않습니다
그냥 왔고, 그냥 가는 겁니다

까닭 모른 채 떠돈 세월,
애는 좀 썼는데…
기억 외엔 아무것도 남은 게 없네요

때가 왔습니다
기억마저 두고 가렵니다

경로 유감

드문 일이 돼 버렸다. 버스나 지하철에서 노인에게 자리를 양보하는 젊은이를 보는 일이. 노약자석이 따로 있어서인가? 2-30년 전에만 해도 어른에게 자리를 비켜 드리는 건 젊은이로서 당연한 일이었다. 그 시절, 노인이 서 있는데도 젊은 사람이 자리를 차지하고 있는 것은 상상하기 힘든 일이었다. 학생들은 아예 앉을 엄두를 내지 못할 분위기였다.

그때에 비해 모든 면에서 권위주의가 약화되고 차별은 완화됐다. 노소의 구별도 그런 대세에 휩쓸려 거의 사라졌다. 나이와 상관없이 누구나 동등하게 대우한다는 의미에서는 좋은 일이지만, 약자에 대한 배려가 고려되지 않은 기계적 평등이 과연 옳은 일일까? 아버지가 서 있는데 건장한 아들이 앉아 있다고 생각해 보라. 공자가 지금 사람이라면 뭐라고 할까?

언제부턴가 노약자석에서는 자리 양보에 대한 새로운 풍속이 시작된 것 같다. 좀 젊은 노인이 좀 더 연로해 보이는 노인에게, 또는 남자 노인이 여자 노인에게 양보하는 케이스다. 임산부석이 따로 있긴 하지만 노약자석 앞으로 아이를 안은 엄마나 임신부가 다가오면 노인들이 자리를 내준다. 일반석에서는 자리 양보가 아주 드물다. 굳이 다른 사람에게 자리를 양보할 필요가 없다는 데에 암묵적 합의가 있는 듯한 느낌마저 들 정도다.

차 안에서든 일상생활에서든 노인에게 먼저 앉으시라고 권하는 것은 경로의 대표적 발현 행위 중 하나였는데, 그런 의미에서는 이제 경로라는 말은 사실상 그 임무를 다했다. 빈 구호나 복지행정 용어에 지나지 않는다. 그 말의 진정한 의미를 느끼는 사람은 별로 없는 것 같다.

차라리, 경로라는 용어를 사용하지 않는 다른 나라처럼, 약자에 대한 배려 차원에서 누구든 서 있기 불편해 보이는 사람에게 자리를 양보한다고 하면 어떨까? 그 불편해 보이는 사람 중에 노인이 포함될 것이고, 건강한 노인은 굳이 앉지 않아도 될 테니까.

코로나로 온 세상이 난리다. 이탈리아에서는 80세 이상의 노인들은 코로나 치료에서 제외하는 선택적 진료를 실시하고 있단다. 어쩔 수 없어서 택한 정책이라는 것을 이해할 것 같으면서도 왠지 씁쓸한 마음을 지울 수 없다.

건강장수와 독서

누구나 건강하게 오래 살기를 바란다. 동서고금 모든 인간의 염원이다. 사람의 이 욕망에는 끝이 없다. 불과 몇십 년 전만 해도 환갑을 넘긴 사람이 많지 않았는데, 지금은 80대에 죽어도 너무 일찍 갔다고 난리다. 다들 자기는 백 살 정도는 살지 않겠느냐, 백 살 정도는 살아야 한다고 다짐한다. 그것도 건강하게. 문제는 어떻게 이 바람을 나의 현실로 만들 수 있느냐이다.

건강장수에 관해 일반적으로 논의되는 요인은 적절한 영양, 적절한 운동, 적절한 생활 자극, 그리고 좋은 자연환경이다. 그러나 이외에도 수많은 변수가 있고 개인차도 크다. 딱 부러지는 정답을 찾기가 어렵다는 거다. 그래서 각자도생, 자기 나름의 비결을 찾는 것은 매우 자연스럽다.

나는 얼마 전에 건강장수에 관해 중요한 시사를 하나 얻었다. 사외이사로 참여하고 있는 사회복지법인이 운영하는 양로원을 두루 살펴볼 기회가 있었는데, 건강해 보이는 노인들이 비교적 좋은 환경에서 생활하면서 양로원이 제공하는 다양한 프로그램에 참여하고 있었다. 그중 내 관심을 끈 것은 독서 프로그램이었는데, 평균 80세 정도의 노인들 중 40% 가량이 거의 매일 몇 시간씩 책을 읽는다는 것이었다. 멀쩡한 젊은이들도 별로 읽지 않는데, 새로운 지식과 정보의 유용성이 그리 크지 않을 노인들이 독서를 즐기다니!

몇 해 전 NHK가 방영한 건강장수에 관한 빅데이터 분석 결과가 기억난다. 독서하는 노인이 건강하게 장수한다는 결론이었는데, 단지 책을 읽기 때문이 아니라 책을 즐겨 읽는 생활 태도나 습관(새로운 지식과 정보를 습득하는 등의 활발한 뇌 활동, 도서관에 다니는 등의 건전한 일상, 관조하는 삶 등)이 좋은 삶이 되어 건강장수하게 된다는 것이었다. 일본에서는 이런 이유로 야마나시현 등 몇몇 지자체들이 오래전부터 도서관 건립과 노인들의 독서 장려 운동을 펼쳤고, 그 결과로 실제로 장수 지자체가 됐다는 것이었다.

책 읽는 노인이라! 돈 안 들고, 누가 봐도 품위 있고, 무료할 일 없고, 갈 곳 없어 헤맬 일 없고, 특히 손자녀들에게 멋있게 보일 수 있으니, 이보다 나은 건강장수 비결은 찾기 어려운 것 아닌가? 새해엔 독서하는 노인들이 확 늘어나길 기원한다.

'고맙다', '미안하다'

나는 시내버스든 전철이든 차 안에서 자리에 앉거나 양보하는 나름의 기준이 있다(사실 나 자신은 서건 앉건 별로 개의치 않는다. 서면 건강에 좋고, 앉으면 읽을 수 있다). 승차 후 가까운 곳에 자리가 있으면 앉는다. 서서 갈 때는, 빈자리가 발생하면 주위에 나보다 약하거나 불편해 보이는 사람(노소, 남녀, 누구든)이 있는지 잠깐 살펴보고 앉는다. 자리를 양보받을 경우도 상정하고 있는데, 일단 사양하고 그래도 계속 권하면 고맙다고 인사하고 앉는다(아직 자리를 양보받은 경험이 없어서 기준을 실천하지는 못했다).

며칠 전에 지하철 경로석에 앉아 있는데 일행인 듯한 젊은 엄마 2명이 각각 아기를 가슴에 안고 내 앞쪽으로 왔다. 옆자리가 비어서 나만 일어나면 두 사람이 다 앉을 수 있었다. 당연히 일어섰는데 두 사람은 내가 너무 늙어 보였는지 앉으려 하지 않았다. 나는 쾌활하게 말했다. "내가 좀 늙기는 했지만 서 있기에 아무 지장이 없습니다." 두 젊은이는 정말 죄송해하는 표정으로 고맙다는 말을 두어 차례 하고 나서야 겨우 앉았다.

드물긴 하지만 젊은이가 노인에게 자리를 양보하는 경우를 목격한다. 안타깝게도, 자리를 양보받은 노인이 미안하다거나 고맙다는 인사를 건네는 것을 본 기억이 거의 없다, 자리를 내주는 사람이 감사 인사를 받고자 자리를 양보하는 것은 아닐 테지만, 누구든 자리를 양보받으면서 원래 내 자리를 당연히 돌려받는다는 듯 무덤덤한 태도를 보이는 건 아무래도 아닌 것 같다. 한 번쯤 살짝 사양을 하는 미덕을 보이는 것이 바람직하고 노인의 품위에 어울리겠지만, 최소한 고맙다거나 미안하다는 말이나 표정 정도는 해야 하는 것 아닌가?

나는 외국에서 상당 기간 살아서인지 작은 일에 대해서도 미안하다, 고맙다 하고 말하는 게 익숙하고 자연스럽다. 물론 우리나라 사람들은 웬만해서는 사과나 고마움의 표시를 하지 않는다는 것을 모르는 바는 아니지만, 이것이 우리의 문화라고 해도 좋을지는 의문이 든다. 속으로는 다들 미안해하고 고마워하고 있다고 생각하거나 주장할 수도 있지만, 과연 표현되지 않은 마음이나 정서가 소용이 있을까? 특히 노인 세대들이 더욱 미안함이나 고마움을 표현하는 데에 익숙지 않다는 것이 어떻게 설명될 수 있을까?

언제부턴가 꼰대라는 말을 미디어에서 자주 보고 듣는다. 노인들의 이런 경직된 태도도 꼰대스러운 것이겠구나 하는 생각이 든다.

노인과 휴대폰

두어 해 만에 H를 만났다. 그는 변해 있었다. 말이 많아지고, 얼굴에는 생기가 돌고, 움직임 전체에 활기가 가득했다. 휴대폰 덕에 새로운 삶을 산다며, 자·타칭 폰 도사란다. "내 인생은 폰생(生)폰사(死)야!" 헤어질 때까지 그는 휴대폰 얘기만 계속했다.

그는 또래 지인 중 소위 '노인의 4고(四苦)(가난, 질병, 무위, 고독)'을 유별나게 겪었다. 사업 실패에 연이은 건강 악화로 원룸에 틀어박혀 있던 그는 지쳤고, 살아갈 의미와 의욕을 잃었다. 그런 그가 유튜브에서 휴대폰 강좌를 보다가 휴대폰으로 많은 걸 할 수 있다는 것을 알게 됐다. 처음에는 달리 할 일도 없고 해서 시작했는데 자꾸 빠져들게 되더란다. 평생 컴퓨터를 사용한 적이 없는 그였지만 계속 만지작거리니 그리 어렵지 않게 익숙해졌다.

코로나 사태가 터지고 나서, 그는 휴대폰 하나로 언택트의 뉴노멀 시대를 제대로 살 수 있다는 걸 실증해 보였다. 그의 휴대폰 인생은 실로 대단하다. 물건 사기, 장보기, 학습, 운동, 관광,

독서, 음악, 영화 등 거의 모든 생활 문제를 휴대폰으로 해결한다. 그는 휴대폰을 잘 사용하면 문화생활을 누리는 데 돈이 거의 안 들고, 물건이나 식품 등을 아주 싼값에 살 수 있다고 주장한다.

나아가 그는 왕성하게 대인관계와 사회참여를 하고 있다. SNS로 다양한 사람들과 교류하고 주변의 지인들에게 휴대폰 전도사가 되는가 하면, 사회정치적 견해를 댓글로 달아 많은 사람들로부터 지지를 받고, 몇몇 유튜버들이 그의 댓글을 방송에서 소개 또는 인용할 정도에 이르렀다.

그는 노인의 四苦를 휴대폰 마니아가 됨으로써 산뜻하게 극복한 듯 보였다. "나 이제 돈 없어도 잘 살 자신이 생겼어. 댓글러도 작가야, 하루하루가 너무 바빠." 약간의 연금으로 힘겹게 버티던 그는, 돈 없이도 행복하게 사는 방법을 터득했고, 삶의 활기를 되찾아 건강을 유지하며, SNS 교류와 댓글 작가로 자신의 정체성을 새로이 해서, 외로울 틈이 없는 듯했다.

그와 헤어져 돌아오면서, 휴대폰이 노인들 특히 독거노인이나 요양원에 거주하는 분들의 요술상자가 되어, 삶의 질을 업그레이드하는 새로운 대안이 될 수도 있겠구나 하는 생각으로 간만에 희망 비슷한 것이 생겼다.

노인의 개인차

코로나가 난리를 치기 전의 일이다. 노인복지관에서 점심을 먹으려고 줄을 서 있는데, 앞에 있는 두 노인이 농지거리를 주고받고 있었다. 그런데 이상하게도 좀 더 늙어 보이는 노인이 좀 더 젊어 보이는 노인에게 형님이라 부르며 존댓말을 했고 상대 노인은 반말로 응대했다. '아! 이거구나, 하긴 생긴 게 뭐 대술까마는.'

노인은 여러 면에서 개인차가 심하다. 노인이라고 다 같은 노인이 아닌 것이다. 노인은 살아온 세월이 그에게 누적되어 나타난 결과이다. 젊은이보다 살아온 햇수가 많은 만큼 누적의 크기가 클 수밖에 없다. 사람이 신체적·심리적·사회적으로 어떤 일을 할 수 있는 능력을 기준으로 재는 나이를 기능적 연령이라 하는데, 이 연령이 나이를 먹을수록 개인차가 커진다는 것이다. 25세 때는 평균적으로 4년 정도의 차이를 보이지만, 75세 때는 18년의 차이를 보인다고 한다. 즉 75세의 어떤 노인은 66세처럼 젊고, 어떤 노인은 84세와 같이 늙을 수 있다는 얘기다.

얼마 전 지인으로부터, 고향에서 모인 초등학교 동창회에 갔는데 청·장년과 노인이 함께 어울려 노는 것 같았다는 얘기를 들었다. 이처럼 노인들의 실제 나이를 가늠하기가 쉽지 않다. 나는 활기차고 생각이 유연한 노인은 실제 나이를 좀 더 높여 보고, 그 반대 경우는 다소 낮추어 본다.

우리는 어떤 노인의 현재의 모습을 보고 그가 좋은 삶을 살았는지, 나쁜 삶을 살았는지 대강 유추할 수 있다. 그래서 애초부터 모든 면에서 좋은 삶을 살아야 한다는 거다. 함부로 심신을 굴리면 그 결과가 늙어서는 확연히 표가 난다는 거다. 그럼 기왕 잘못 살았는데 어쩌란 말이냐고 물으면, '언제나 지금이 가장 빠른 타이밍'이라고 답할 수밖에.

누구나 오래 살기를 원하면서도 노인이 되기는 싫어한다. 오래 살려면 노인이 될 수밖에 없는데도 말이다. 잘 살았든 잘못 살았든 노인이 됐다는 것은 축하받을 일이다. 수많은 곡절을 넘어 성공적으로 지금에 이르렀고, 한편 많은 사람이 노인이 되기 전에 여러 가지 사유로 죽기 때문이다.

지난 삶이 어쨌든 이왕 노인이 됐으니 지금부터라도 잘 살 일이다.

노인의 기억

나는 자주 옛날 일을 회상하고, 지난 것을 뒤적거린다. 나도 천생 노인인 거다. 미래를 향해 무얼 도모하거나 계획할 일이 없으니 어쩌면 당연한 건데, 나는 그렇지 않을 줄 알았다. '에이, 그냥 노인답게 살자.' 이제 고희를 넘겼으니 기억이나 파먹으며 살아도 괜찮을 것이다.

그런데 나만 그런가. 이 기억이 아주 중간이 없다. 어떤 것은 세세하게 기억이 나고, 어떤 것은 그런 일이 있었다는 사실 자체를 기억하지 못한다. 특히 사람 이름이나 제목 등 주로 명사가 잘 기억나지 않는다. 개인차가 크겠지만, 보통의 노인들은 나와 비슷할 것이다.

기억에 문제가 있으니 새로운 것을 학습하기가 쉽지 않다. 70, 80에도 외국어를 새로 배운다든가 신기술 분야의 자격증을 딴다든가 하는 탁월한 노인들이 있기는 하지만, 대부분의 노인들은 그냥 살던 대로 살자 한다. 새로운 도전을 하기에는 힘만 들고 얻는 것이 적기 때문이다.

언제부턴가 나는, 수십 년을 거의 매일 아침 해 오던 요가 프로그램의 순서를 빼먹거나 바꿔서 하기도 하고, 간단한 매뉴얼대로 따라 하면 되는 작업을 몇 달을 계속하는데도 여전히 습관 형성이 안 돼서 할 때마다 매뉴얼을 봐야 한다. 뇌의 기억 저장이나 인출 기능에 문제가 생기니, 뇌의 지시대로 움직이는 몸도 수십 년을 해 오던 행동들을 제대로 재생하지 못하고, 새로 배운 작업들을 저장하지 못하는 것은 당연하다.

과학기술이 발전하지 않은 불과 일이백 년 전까지만 해도 노인들은 공동체의 지혜의 보고로서 문제해결사와 교육자 역할을 수행했다. 마을을 영도하는 데 필요한 지적 능력은, 경험을 가장 오래 했고 시행착오를 가장 많이 겪은 노인들만이 가질 수 있었기 때문이었다. 그러나 그런 능력은 기억이 유지되는 한 가능했으니, 지금처럼 백세시대 운운할 만큼 오래 살게 돼 기억 능력에 문제가 생기면, 노인들은 사실상의 장애인이나 더부살이 신세로 전락해서 남의 도움 없이는 살아갈 수가 없을 것이다.

이제 노인들은 백세시대를 마냥 기꺼워만 할 것이 아니라, 어떻게 백세를 살아 낼 것이냐를 진지하게 고민해야 할 것 같다.

백세 노인

백세시대란다. 주위에 90대 노인들을 흔히 본다. 우리 어머니도 90을 훌쩍 넘겨 사셨다. 예순여덟인 나도 별 탈 없으면 90살 정도까지는 살 거란다. 미디어와 가수들이 선창 후창하며 바람을 잡고 있다. 백세시대의 사회나 백세 노인의 삶을 살펴는 보고 저러는가 싶다.

내가 백세를 산다고 가정하면, 굳이 싫을 것까지는 없겠지만 대놓고 좋다고는 못 하겠다. 백세 사회는 아직은 다소 먼 미래이고 변수가 많아 가늠하기가 어렵지만, 개개 노인의 백세 삶은 빤히 읽히기 때문이다.

나는 가끔 나 자신의 백세의 모습을 은연중에 김형석 교수와 오버랩시킨다. 수백만에 하나 있을까 말까 한 그분처럼 살리라 희망, 아니 착각하는 것이다. 현실적으로는 백 살까지 살 확률도 거의 없지만, 산다 해도 치매 상태로 요양병원에 누워 있기 십상일 것이다.

백세까지는 아니더라도 초고령 노인으로서의 내 삶을 예상하면 즐거운 일은 별로 떠오르지 않는다. 일부러 시뮬레이션을 해 보면, 혹시 손자 아이들 대학 졸업식이나 결혼식을 볼 수 있지 않을까, 혹시 증손자가 태어나는 순간이 오지 않을까, 혹시 지금은 짐작도 안 가는 신세계가 펼쳐지지는 않을까 정도다. 그마저 모두 내가 직접 관계하는 일이 아니다. 그저 바라고 기다릴 뿐.

걱정되거나 불안한 일은 많기도 하고 저절로 떠오른다. 매일매일을 탈 없이 살아 낼까. 자식들에게 짐이 되지는 않을까. 근근이 살아가며 경제적으로는 부담을 주지 않는다 해도 아프면 도리가 없다. 독자 생활이 불가능한 의존 기간이 평균 10년이라는데 나라고 피해 갈 수 있겠는가.

초고령의 삶을 살아야 하는 우리의 숙명을 피해 갈 수 있는 선택지는 없다. 시시포스처럼 묵묵히 살아 내는 수밖에. 그러나 믿을 구석이 전혀 없는 것은 아니다. 과학기술이 치매를 예방하고, 각종 신체 부품을 만들어서 바꿔 끼워 줄 수도 있지 않은가.

이왕 살 거면 잘 살고 싶다. 더더구나 나는 스스로 빨리 죽을 생각은 없다. 이제부터 1도 도움이 안 되는 걱정과 불안은 접는다. 좋은 음식을 먹고, 몸을 부지런히 움직이고, 긍정적인 자세로 욕심내지 않고, 텃밭을 가꾸든 손자 공부를 가르치든 뭐라도 즐겁고 생산적인 활동에 계속 참여하면서 살아갈 것이다.

죽음 연습

언제부턴가 가끔, 내가 죽음을 두려워하나 하고 스스로에게 묻곤 한다. 죽음을 두려움이나 아쉬움 없이 받아들일 준비가 됐을 때야 비로소 진정한 행복과 참다운 삶이 가능하다고 생각해 왔기 때문이다.

몇 년 전까지만 해도 죽음에 대해 심각하게 생각하지 않았고, 아직 먼 미래의 일인 양 여겼다. 근자에 와서는, 도로를 건너거나 계단을 내려가거나 산행 등을 할 때 위험한 상황을 자주 맞닥뜨리면서, 불현듯 내가 지금 당장이라도 죽을 수 있겠구나 하는 생각이 들기 시작했다. 몸의 움직임과 감각이 둔해져서 주변 상황의 변화에 민감하게 대처하지 못하고, 균형을 잃거나 허둥대는 일이 자주 생기는 거였다. 정상적인 노화로, 노인이라면 누구나 겪는 일인데도 이런 내 모습이 영 어색하고 받아들이기가 쉽지 않았다.

코로나가 장기화되고부터는 과연 내가 살아남을 수 있을까 하는 걱정이 생겼다. 비로소 나는 내가 죽음의 공포에 포위돼 있다는 사실을 깨달았다. 이래서는, 내 잠재의식이 늘 죽음의 언저리를 맴돌아, 남은 삶이 구차해지거나 도망자 신세를 면치 못할 것 같았다. 죽음을 삶의 일부로 온전히 받아들여야 하는 까닭이 여기에 있지 않나 싶었다.

방법을 찾아야 하는데, 그냥 죽음에 대해 긍정적으로 생각을 하자고 작정한다고 그리 되는 것은 아니다. 도 닦는 게 일상이고 직업인 스님들이 화두를 잡고 면벽을 해도 잘 안된다는데, 나 같은 보통 사람이 생각만 한다고 되겠는가. 좀 더 구체적이고 확실한 수단이 필요할 것 같았다.

결론은 역시 행동, 실행이었다. 언제 죽어도 세상에 아무런 미련이 남지 않을 만큼, 유무형의 가진 것을 말끔히 정리하고, 사전연명의료의향서도 등록하고, 가족과 지인들에게 남길 말은 미리 해 두고, 별다른 기대나 욕심 없이 소박한 일상을 사는 것.

실제로 이렇게 하고 한동안 살아 보니 죽음도 그리 무섭거나 나쁜 것만은 아니다. 좋은 점도 알게 됐다. 누구나 죽는다. 참으로 공평하다. 사는 동안에 각자에게 덕지덕지 붙은 모든 영욕이 죽음으로써 말끔히 정리된다. 거참 후련하다는 생각이 든다. 홀가분하게 죽을 수 있을 것 같고, 매일매일의 일상이 편안하다.